▼ 幼儿园区域活动材料丛书

广东省教育教学成果（基础教育类）一等奖
"幼儿个别化学习的'支架式'课程体系的研究与建设"成果之一

幼儿园艺术区
材料设计与评价

王微丽　霍力岩　主编

中国轻工业出版社

图书在版编目(CIP)数据

幼儿园艺术区材料设计与评价/王微丽,霍力岩主编.—北京：中国轻工业出版社,2020.3（2023.8重印）

（幼儿园区域活动材料丛书）

ISBN 978-7-5184-2598-3

Ⅰ.①幼…　Ⅱ.①王…②霍…　Ⅲ.①艺术教育-学前教育-教学参考资料　Ⅳ.①G613.5

中国版本图书馆CIP数据核字（2019）第162247号

保留所有权利。非经中国轻工业出版社"万千教育"书面授权，任何人不得以任何方式（包括但不限于电子、机械、手工或其他尚未被发明或应用的技术手段）复印、拍照、扫描、录音、朗读、存储、发表本书中任何部分或本书全部内容，以及其他附带的所有资料（包括但不限于光盘、音频、视频等）。中国轻工业出版社"万千教育"未授权任何机构提供源自本书内容的电子文件阅览、收听或下载服务。如有此类非法行为，查实必究。

责任编辑：吴　红　牟　聪
策划编辑：吴　红　　　　　责任终审：杜文勇
责任校对：刘志颖　　　　　责任监印：吴维斌

出版发行：中国轻工业出版社（北京东长安街6号，邮编：100740）
印　　刷：三河市双升印务有限公司
经　　销：各地新华书店
版　　次：2023年8月第1版第4次印刷
开　　本：710×1000　1/16　印张：17.75
字　　数：110千字
印　　数：9001—12000
书　　号：ISBN 978-7-5184-2598-3　定价：60.00元
读者热线：010-65181109，65262933
发行电话：010-85119832　传真：010-85113293
网　　址：http://www.chlip.com.cn　http://www.wqedu.com
电子信箱：1012305542@qq.com
如发现图书残缺请与我社联系调换

171233Y1X101ZBW

本 书 编 者

主　编：王微丽　霍力岩

副主编：何红漫　刘　隼　范　莉

编　者：秦　晗　何红漫　刘　隼　邓丽霞　游咏梅
　　　　骆颖婕　李佳颖　姜媛远　叶际明　吴卫红
　　　　聂晓慧　秦小萍　赵文琪　李艳辉　陈丹妮
　　　　饶映灵　查　利　黄飞舟　颜　文　王　苗
　　　　方佳娜

丛书序一

《幼儿园区域活动——环境创设与活动设计方法》一书出版以来,引起了幼教同行的积极反响。从全国各地来到深圳市莲花二村幼儿园参访的老师和一些读过这本书的老师常常会跟我说:"如果能系统地把你们区域活动的这些材料整理出来就好了!"实际上,多年来我们坚持不批量生产区域材料,就是希望每一份材料都有其独特性,无形中要求每位教师去发现孩子、理解孩子,让每份亲手制作的材料都蕴含教师对儿童的专业解读与引导,更好地支架儿童的适宜性发展。

近几年,我们力求用图文并茂的方式,直观地将孩子们很喜欢摆弄且富有教育内涵的"一份一份的材料",这些凝聚了老师们的教育智慧与辛勤劳动的儿童个别化学习材料,完整地记录并展示出来。这对于分享我们的课程研究成果,助力一线教师的专业发展,是一件很有意义的事情。

如今,展现在您面前的这套《幼儿园区域活动材料丛书》,汇总了我们幼儿园经过十多年探索、实践和打磨的经典区域活动材料。对于每一份材料的组成部分、设计原理、使用方法和教育价值,我们都如数家珍,一一奉上。我们希望这套丛书,除了作为范例,还能引发教师们对这种"支架儿童的个别化、主动学习"的区域材料的研发与拓展兴趣,从中更加明白如何提供给儿童最适宜的学习操作材料。欣喜之余,仿诗一首,聊表感恩——

新千年的钟声,敲响了课程起航的号角;
恰好那年,四名亲爱的老师,在炎热的盛夏,赴京学习蒙氏奥妙。

精巧深邃的智慧，点化消融成一份份的材料，
启迪我们，发现孩子童年秘密的通道——
要用智慧与爱，拨亮生命自信的光芒；
要让吸收性的心灵，拥抱爱与自由，绽放微笑。

追随着蒙氏的脚步，接触到世界的前沿；
扎根在深圳的土壤，我们敢为人先。
从蒙台梭利，到多元智能；
从《纲要》《指南》，到文化传承。
个别化学习，环境化教育；
丰富性、吸引性、层次性、引导性；
——这都是我们的理念。
打开这套凝聚理论智慧、实践经验的丛书，
一抹慧智，一捧童心，皆在玉壶。
但愿给你，有益的借鉴。

来自偶然，像一粒微小的尘土，
情归何处，用感恩浇灌漫漫长路。
感谢深圳市投资控股有限公司幼教管理中心的领导，为我们鸣锣开路、挡风遮雨；
感谢北京师范大学的霍力岩教授和您的学术团队，有您的指引，我们不至于迷失；
感谢香港大学的李辉教授，陕西师范大学的赵琳、刘华教授，时常前来指点迷津；
感谢我们莲花二村幼儿园所有的教职工，有你们的付出和智慧，才有今日的芬芳；
感谢一起走过的莲子宝贝和家长们，你们的喜爱和成长，是我们源源不

断的动力。

　　感恩的心，感谢有你；

　　花开花落，永远珍惜。

深圳市莲花二村幼儿园园长

王微丽

2017年9月

丛书序二

在我国，自20世纪80年代的幼儿园课程改革以来，区域活动成为幼儿园课程的主要组成部分。学前教育工作者从理论、模式、策略、材料等多个方面，对如何有效地开展区域活动，从而支持儿童的主动学习和全面发展进行了广泛与深入的探索。这些探索实际上受到了我国改革开放、社会变革、文化引入与融合等复杂而深刻的影响，其中最引人瞩目的，不外对世界范围内先进课程模式的模仿与借鉴。幼儿园区域活动作为一种"舶来品"，从文化历史学的分析来看，正是欧美文化对中国学前教育课程实践的形塑。最初涌入的这些区域活动类型主要包括蒙台梭利教学法中的个别化区域学习及操作、高宽课程中的室内学习区，以及方案教学中的个别或小组操作、实验等。在引入及学习这些课程模式的背后，进步主义、人本主义、认知建构主义、社会建构主义等欧美主导的心理学和教育学理论开始涌入我国教育界，尊重儿童的权利、强调儿童主体性的发挥，成为许多幼教界人士的共识。由观念转变深化到实践变革，幼儿园区域活动逐渐成为促进儿童主动学习和个别化学习，弥补传统集体教学活动不足的重要课程形式。

然而，从我国改革开放至今，学前教育界对区域活动的开展一直存在不同见解。在教学实践中，对于区域活动的环境布置、材料投放、开展过程以及支持策略，"仁者见仁，智者见智"。比如，区域活动所提供的材料常常被划分为高结构、低结构、无结构（自由）等不同类型，而区域活动的开展过程也会有独立开展、两人合作、多人参与等不同形式。由于国家层面缺乏对幼儿园课程的明确指引，加上园本课程的"百花齐放"，渐渐地，区域活动的开展开始各自为政，没有标杆，区域活动的开展质量也存在良莠不齐的现象。如何有效地开展幼儿园区域活动，包括区域材料的设计与制作、区域环境的布置、对幼儿学习的支持、区域活动的评价，等等，成为一直萦绕在幼儿园一线教师（尤其是新手教师）心头的疑团。

实际上，幼儿园区域活动的开展，关键要素有四个：环境、材料、儿童和教师。实现良好的区域环境布置和材料投放，是区域活动中儿童主动学习及教师有效引导的前提。以苏联心理学家维果茨基为主要提出者的社会文化历史理论提出，环境与材料是实现教学主体（教师）与客体（儿童）之间有效关联的中介，是促进儿童实现有效学习的工具与内容。可以说，区域活动材料是开展幼儿园区域活动的突破口。但是，据我们观察，目前我国的很多幼儿园教师并不了解有效区域学习材料的制作与投放，更不清楚如何在区域活动中支持和评价幼儿的学习。幼儿园区域活动开展时的要素关联很难得到有效的建立，幼儿的主动学习和有效学习也得不到保障，关键经验得不到提升。

2000年，深圳市莲花二村幼儿园开始借鉴蒙台梭利教育法，既遵照蒙氏材料的丰富性、吸引性、层次性、引导性等关键原则，又根据中国儿童的发展特点和需要，立足于深圳市乃至中国的社会文化土壤，开发出了体系化的、丰富的、适合中国幼儿的区域活动材料。在长达17年的反复实践中，该幼儿园的教师团队不断学习新的课程理论与方法（包括高宽课程、多元智能理论等），对其园本区域活动进行了持续的优化。2014年，由该幼儿园的教师编写的《幼儿园区域活动——环境创设与活动设计方法》正式出版，对幼儿园区域活动的开展经验进行了全面的总结，从区域环境的创设、区域材料的投放、区域活动的组织、区域活动的评价等多个方面为幼儿园一线教师提供了一本理论扎实、操作性强的参考书。

在这本书的基础上，该幼儿园的教师团队为了进一步分享区域活动开展的经验，以幼儿园区域材料的设计与评价为侧重点编写了《幼儿园区域活动材料丛书》，对应《幼儿园教育指导纲要（试行）》（以下简称《纲要》）和

《3—6岁儿童学习与发展指南》(以下简称《指南》)的要求,从数学区、语言区、科学区、社会区、艺术区、生活区等领域,完整地呈现了他们对幼儿园区域材料的研究与实践成果。该丛书既详细地阐述了关于区域活动的理论与方法,又通过大量真实的区域活动案例生动地介绍了不同区域的材料设计与评价,这对于广大幼儿园教师开展区域活动具有非常高的借鉴价值和很重要的指导作用。通过阅读这套丛书,我们能够更清楚地了解到,幼儿园教师应该如何设计、制作和投放区域材料,应该如何基于区域活动支持和引导幼儿的个别化学习、主动学习与探索,应该如何观察和评价区域活动中的幼儿。

北京师范大学教育学部学前教育研究所教授

霍力岩

2017年10月

丛书序一 ·· i

丛书序二 ·· v

第一章　解读艺术区 / 1

第一节　艺术区概述 ·· 3
　一、艺术区基本概念 ·· 3
　二、艺术区教育功能 ·· 5
　三、关键经验及思维导图 ·· 13

第二节　美术区环境与材料 ·· 15
　一、美术区环境的特点 ·· 16
　二、美术区物品的摆放 ·· 18
　三、美术区中的标识 ·· 22
　四、美术区材料特点 ·· 24
　五、美术区材料投放 ·· 28

第三节　音乐区环境与材料 ·· 39
　一、音乐区环境的特点 ·· 40

二、音乐区物品的摆放 …………………………………………… 42
　　三、音乐区中的标识 ……………………………………………… 45
　　四、音乐区材料 …………………………………………………… 47

第二章　艺术区材料案例 / 63

第一节　美术区 ……………………………………………………… 65
　　一、小班美术区 …………………………………………………… 65
　　二、中班美术区 …………………………………………………… 87
　　三、大班美术区 ………………………………………………… 124

第二节　音乐区 …………………………………………………… 162
　　一、小班音乐区 ………………………………………………… 163
　　二、中班音乐区 ………………………………………………… 173
　　三、大班音乐区 ………………………………………………… 193

第三章　教师对幼儿的支持 / 219

第一节　单次活动中教师的支持 ………………………………… 221
　　一、小班案例分析 ……………………………………………… 221
　　二、中班案例分析 ……………………………………………… 225
　　三、大班案例分析 ……………………………………………… 228

第二节　艺术区学习故事 ………………………………………… 231
　　一、教师记录方法 ……………………………………………… 232
　　二、教师记录案例 ……………………………………………… 234

第四章　艺术区活动评价 / 241

第一节　艺术区材料评价方式 ·· 243
　　一、艺术区材料的评价内容 ·· 243
　　二、小班艺术区材料评价表实例 ·· 247

第二节　艺术区幼儿活动评析方法 ·· 250
　　一、艺术区幼儿活动评析内容 ··· 250
　　二、基于小、中、大班幼儿评价内容的分析 ························· 257

参考文献 ··· 263

后记 ··· 265

第一章
解读艺术区

目前，我国各地幼儿园课程中都涵盖区域活动这一部分，但由于不同地区、不同幼儿园在课程建构中所依据的理论背景以及开展的实践活动各有不同，每所幼儿园在区域体系的设置上也各不相同。在中国化、本土化区域活动研究过程中，深圳市莲花二村幼儿园借鉴、吸收、整合国内外先进的教育理念及相关经验，经过长达十几年的探索与研究，总结出版了园本区域活动课程书籍《幼儿园区域活动——环境创设与活动设计方法》（中国轻工业出版社2014年出版）。书中将幼儿园区域体系划分为三大类型，即预备区域、基本区域和延伸区域，每个区域类型又包含相关的子区域：以幼儿适应性为依据设置的预备区域包括生活区、感官区和生态区；以幼儿基本发展需求为依据设置的基本区域包括语言区、社会区、科学区、数学区和艺术区；以幼儿个性化发展需求为依据设置的延伸区域包括拓展区和特别研究区。其中预备区域是其他区域的前提和必要准备，基本区域则涵盖了幼儿基本发展的各个方面，延伸区域是为有特殊需求的幼儿设置的，这些区域中的每个子区域都有自己独立的体系和各自显著的特点，同时各区域之间又相互关联、相互作用、互为依托。

第一节 艺术区概述

艺术区是教师根据幼儿园教育目标和幼儿的艺术发展水平而创设的艺术活动场所，包括美术和音乐两个领域。创造与表现是幼儿艺术的特点，在艺术区中，教师通过有目的地投放适宜的材料，为幼儿创造条件与机会，让幼儿按照自己的兴趣、意愿与能力进行感受、探索与创造，鼓励幼儿通过线条、颜色、声音、肢体动作等充分表达自己对周围世界的认识与内心的情感。

一、艺术区基本概念

艺术是人类特有的活动，是人类感受美、表现美和创造美的重要形式，教师在幼儿园创设艺术区，满足幼儿对艺术的兴趣，进而促进幼儿审美能力的发展。下面详解美术区与音乐区的内容和功能。

（一）美术区

美术是幼儿园艺术教育的一部分，其目的是引导幼儿发现与感受周围环境与事物的美。在美术区，教师通过创设相应的环境，提供适宜的设施设备、材料与工具，创设宽松、愉悦的气氛，为幼儿提供自由欣赏与创作的场所与机会，幼儿任意选用不同的工具和材料，通过自主或与同伴合作的方式，尽情发挥创造性思维，创造、表达、记录自己真实的或想象的体验与情感。

美术区与其他区域一样注重幼儿与环境、材料的互动。在这里，更注重幼儿与环境、材料互动过程中的创造性，激发幼儿发现美、创造美的兴趣与积极性。美术区主要包括绘画、手工与欣赏三类活动，这三者相辅相成。美术欣赏可以开拓幼儿的眼界，增加其内在图式的积累，提高艺术品位，为绘画和手工创作激发内在动力；绘画与手工则可以促使幼儿在具体的操作与表现过程中更深刻地体验和欣赏，同时进一步促进其美术欣赏能力的提高。三者的具体内容见表1-1。

表1-1 美术区主要活动及其内容

活动	内容
绘画	（1）多种绘画工具和材料的使用方法，如蜡笔画、油画棒画、彩色铅笔画、棉签画、指点画、印章画、纸版画等。 （2）用造型、色彩、构图表现感受和想象，如命题画、意愿画等。 （3）正确的绘画姿态、握笔方法和良好的绘画习惯。
手工	（1）多种工具和材料的使用方法，如各种材料的粘贴、缠绕、撕、剪、折、切割、组合等。 （2）塑造和制作各种形态的作品来表现意愿、美化生活。 （3）在塑造和制作活动中，锻炼手部动作的协调性与灵活性。 （4）养成干净、整洁、有序等良好的手工活动习惯。
欣赏	（1）欣赏各种美术作品、自然景物和周围环境中的美。 （2）用语言、动作、表情等表达自己的审美感受。 （3）逐步养成专注观察、欣赏的良好习惯。

（二）音乐区

音乐区作为幼儿园艺术区的另一部分，是教师为幼儿探究音乐领域提供的活动平台。音乐区以培养幼儿对音乐活动的兴趣、提升幼儿对音乐的感受力和表现力为主要目的。幼儿具有活泼好动、爱唱爱跳、表现欲强烈等特征，在音乐区相关材料与设备的支持下，幼儿在适宜的环境中按照自己的兴趣自发地进行艺术表现，主动建构审美经验，提升审美感知、想象和创造能力。在音乐活动中，幼儿还能与同伴进行语言与情感的交流，获得社会交往和人际合作的能力。

音乐区主要包括歌唱、韵律活动、乐器演奏和欣赏这四种不同类型的活动。游戏是儿童的天性,因此将游戏有机地融入歌唱、韵律活动、乐器演奏与欣赏等音乐活动中,可激发幼儿的兴趣、挖掘他们的潜能,让他们在音乐区中自由表现与创造。音乐区的主要活动及其具体内容见表1-2。

表1-2 音乐区主要活动及其内容

活动	内容
歌唱	歌曲;关于歌唱的简单知识和技能等。
韵律活动	韵律动作及其组合;关于韵律活动的简单知识和技能等。
乐器演奏	乐器音色、外形等;关于乐器演奏的知识和技能;乐器演奏常规等。
欣赏	周围环境中的声音及音乐作品的倾听;欣赏音乐、舞蹈表演等。

二、艺术区教育功能

艺术区中的美术与音乐两大方面,在教育功能上具有共性,即落实《纲要》和《指南》的精神,实现幼儿发展。两者相互作用,共同培养、塑造幼儿完整的人格。下面分别对美术区与音乐区的两大教育功能进行分析与阐释。

(一)美术区教育功能

美术区是幼儿园实施美育的重要途径之一,在发挥美术区教育功能时,应充分发挥美术区的情感教育功能,重视幼儿在活动过程中的情感体验和态度倾向,促进幼儿健全人格的形成。

1. 促进幼儿发展

"幼儿生理和心理的发展特点,形成了幼儿美术活动的特殊方式。他们不会完全按眼睛所看到的形状、色彩、结构去表现物象,而是用心灵去知觉样式，按自己独特的把握和理解去表现物象。其作品既是幼儿自身欲望的表现，又是对客观世界认识的反映；既是感知、智力的体现，又是情感、态度的表达；既有模仿，也有创作；而他们的绘画与制作过程，则既是游戏，又是学习。可以说它是一种混合体，并体现多方面教育功能的特征。"[①] 总体来讲，一个适宜的美术区，主要对幼儿发展具有以下三方面的作用。

（1）培养幼儿敏锐的审美感知能力。

视觉是人接受外界审美信息的主要来源，由形、线、色构成形象视觉，通过视觉在头脑中留下美的表象和意象。可以说视觉是人们接受美的窗口。作为视觉艺术的美术区活动，是增强感知能力最强有力的手段，能够培养幼儿审美器官的灵敏度、活跃性，同时激发幼儿对生命特有形式的感受能力。

（2）促进幼儿想象力与创造力的发展。

美术是视觉的艺术，也是幼儿交流与表达自己对世界认识的一种工具。幼儿的想法或感受可以不用"说"或"动作"，而用不同的颜色、线条、图式符号等美术形式表达出来。幼儿在表达的时候会将自己看到的、听到的、想到的人、事、物融入已有的经验和天马行空的想象里。在这个过程中，幼儿会尝试将这些内容加工成不同的表现形式，因此美术区域活动能够促进幼儿的想象力与创造力。

（3）促进幼儿小肌肉动作的发展，培养幼儿的手眼协调能力。

幼儿在美术区的活动，也称为动作游戏。幼儿在美术区中使用美术工具与材料时，需要手眼配合，例如在用手折纸、撕纸时，用剪刀剪线条、图案时等；同时，幼儿在使用美术工具与材料的过程中，会反复用握、捏、压、搓等创作方法，从而有效促进幼儿小肌肉动作以及手眼协调能力的发展。

2. 落实《纲要》和《指南》的精神

深圳市莲花二村幼儿园为全面落实《纲要》和《指南》的有关精神，实现美术区域建构与实施的中国化与本土化，根据本园美术区域的活动要求制

[①] 姚孔嘉. 美工区的创设与指导 [J]. 教育导刊（幼儿教育版），1998（S4）.

定了有关美术教育方面的目标（见表1-3）。

表1-3 《纲要》《指南》和我园在美术教育方面的目标对照表

《纲要》中的目标	《指南》中的目标	我园的目标
（一）目标 1. 能初步感受并喜爱环境、生活和艺术中的美。 2. 喜欢参加艺术活动，并能大胆地表现自己的情感和体验。 3. 能用自己喜欢的方式进行艺术表现活动。 （二）内容与要求 1. 引导幼儿接触周围环境和生活中美好的人、事、物，丰富他们的感性经验和审美情趣，激发他们表现美、创造美的情趣。 2. 在艺术活动中面向全体幼儿，要针对他们的不同特点和需要，让每个幼儿都得到美的熏陶和培养。对有艺术天赋的幼儿要注意发展他们的艺术潜能。 3. 提供自由表现的机会，鼓励幼儿用不同艺术形式大胆地表达自己的情感、理解和想象，尊重每个幼儿的想法和创造，肯定和接纳	（一）感受与欣赏 目标1 喜欢自然界与生活中美的事物 3—4岁 1. 喜欢观看花草树木、日月星空等大自然中美的事物。 4—5岁 1. 在欣赏自然界和生活环境中美的事物时，关注其色彩、形态等特征。 5—6岁 1. 乐于收集美的物品或向别人介绍所发现的美的事物。 目标2 喜欢欣赏多种多样的艺术形式和作品 3—4岁 2. 乐于观看绘画、泥塑或其他艺术形式的作品。 4—5岁 1. 能够专心地观看自己喜欢的文艺演出或艺术品，有模仿和参与的愿望。 2. 欣赏艺术作品时会	（一）区域总目标 1. 体验美术区域活动的乐趣，并对美术区域活动感兴趣。 2. 习得美术知识、了解美术材料及工具的使用方法。 3. 掌握美术活动的基本技能，养成良好的美术活动习惯。 （二）各年龄段目标 3—4岁 1. 喜欢参加美术活动，体验美术活动的快乐，初步养成安全、卫生地画画和进行手工制作的习惯。 2. 学习用剪刀、油画棒、水彩笔、棉签等简单的绘画工具，在尝试使用多种材料和工具的过程中，对手工活动感兴趣。 3. 学会正确的握笔方法和作画姿势，学习用简单的线条、形状任意组合，表现简单物体的轮廓特征和主要形象。 4. 识别和选用多种颜色创造画面，会主动选择和调换颜色，学会简单的涂色方法。 5. 会用印章、纸团、手掌印画，及运用画、撕、折、粘组成简单作品。 6. 尝试玩泥活动，用团、搓、压等方法塑造简单的泥塑形象。 7. 会欣赏具有鲜明色彩和简单造型的生活物品和美术作品，并对美

续表

《纲要》中的目标	《指南》中的目标	我园的目标
他们独特的审美感受和表现方式，分享他们创造的快乐。 4. 在支持、鼓励幼儿积极参加各种艺术活动并大胆表现的同时，帮助他们提高表现的技能和能力。 5. 指导幼儿利用身边的物品或废旧材料制作玩具、手工艺品等来美化自己的生活或开展其他活动。 6. 为幼儿创设展示自己作品的条件，引导幼儿相互交流、相互欣赏、共同提高。 （三）指导要点 1. 艺术是实施美育的主要途径，应充分发挥艺术的情感教育功能，促进幼儿健全人格的形成。要避免仅仅重视表现技能或艺术活动的结果，而忽视幼儿在活动过程中的情感体验和态度的倾向。 2. 幼儿的创作过程和作品是他们表达自己的认识和情感的重要方式，应支持幼儿富有个性和创	产生相应的联想和情绪反应。 5—6岁 1. 艺术欣赏时常常用表情、动作、语言等方式表达自己的理解。 2. 愿意和别人分享、交流自己喜爱的艺术作品和美感体验。 （二）表现与创造 **目标1 喜欢进行艺术活动并大胆表现** 3—4岁 2. 经常涂涂画画、粘粘贴贴并乐在其中。 4—5岁 2. 经常用绘画、捏泥、手工制作等多种方式表现自己的所见所想。 5—6岁 1. 积极参与艺术活动，有自己比较喜欢的活动形式。 2. 能用多种工具、材料或不同的表现手法表达自己的感受和想象。 3. 艺术活动中能与他人相互配合，也能独立表现。	的物象有一定的反应。 4—5岁 1. 学习欣赏与自己的生活经验有关的美术作品、日常生活中的玩具、生活物品、节日装饰等，关注具有美感的事物。 2. 能运用多种工具和材料，充分发挥想象，大胆地表现看到的、听到的、想到的物体形象，组成有情节的画面，并能较合理地安排画面。 3. 能够用线条和形状表现感受过的物体的基本结构和主要特征。 4. 认识12种颜色并学习辨别同种颜色的深浅，学习用较丰富的颜色作画，区分并尝试画出主体色和背景色。 5. 学会折纸的基本方法，会剪（撕）简单的图形并粘贴成有情节的作品，学会制作简单的玩具，体验折纸的乐趣。 6. 能用团圆、搓长、压扁、压坑、连接组合、拉出小部分等技能，有创意地塑造物体的基本形象。 7. 初步学习欣赏并感受美术作品中形象的造型美、色彩的变化与统一美，构图的对称与均衡美，理解形象和主题的意蕴——初步评价同伴的作品。 5—6岁 1. 利用多种绘画工具、材料与不同的技法表现自己的思想和感受。 2. 较熟练地选择和使用手工材料和

续表

《纲要》中的目标	《指南》中的目标	我园的目标
造性的表达，克服过分强调技能技巧和标准化要求的偏向。 3. 幼儿艺术活动的能力是在大胆表现的过程中逐渐发展起来的，教师的作用应主要在于激发幼儿感受美、表现美的情趣，丰富他们的审美经验，使之体验自由表达和创造的快乐。在此基础上，根据幼儿的发展状况和需要，对表现方式和技能技巧给予适时、适当的指导。	**目标2 具有初步的艺术表现与创造能力** 3—4岁 4. 能用简单的线条和色彩大体画出自己想画的人或事物。 4—5岁 4. 能运用绘画、手工制作等表现自己观察到或想象的事物。 5—6岁 4. 能用自己制作的美术作品布置环境、美化生活。	工具表达自己的意愿。 3. 学习用各种方法，配合其他泥工技法塑造较复杂的物象。 4. 能正确使用多种美术材料、工具材料，综合运用多种技能，发挥想象和创造能力，制作简单的教玩具，表现对周围生活的美好情感。 5. 学习欣赏感兴趣的绘画、工艺、雕塑等美术作品，积极主动参与美术欣赏活动，并能从物体形态、结构、色彩、空间、位置等方面感受自然景物、环境设施及艺术作品的美。 6. 欣赏并学习从形式和内容的角度评价同伴的美术作品。

（二）音乐区教育功能

音乐区是提升幼儿审美能力的重要途径，也是幼儿园音乐教育的重要组成部分。它与音乐集体教育活动相互补充，通过创设丰富的环境，使幼儿在与环境互动过程中丰富音乐方面的知识，最终实现音乐素养的提升。

1. 促进幼儿发展

教师在音乐区提供大量幼儿可直接操作的材料，使幼儿在与材料互动的过程中萌发对音乐活动的兴趣，从而发展其音乐感受力、表现力及创造力，促进其全面发展。

（1）提升幼儿的审美能力。

在音乐区，幼儿通过自身参与或与同伴合作，运用多种感官与手段感受音乐，与各种性质、风格、题材的音乐作品互动，充分发挥自己的想象，逐步丰富对不同音乐旋律、节奏等的理解，初步形成自己的音乐审美观点，提升自己的音乐审美能力。

（2）提升幼儿的表现力和创造力。

在音乐区，教师通过为幼儿营造自由、宽松、充满创造性的氛围，提供幼儿能直接感知与实际探索的音乐材料，使其在感知不同声音、不同节奏、不同性质的音乐作品的基础上，用丰富多样的动作形象、语言形象、声音形象等形式来表达自己对音乐的理解。除此之外，幼儿也可以通过创造性地利用音乐区的材料与工具来表达自己在日常生活中的体验与情感，运用在音乐区所获得的经验进行独特的创造。

（3）提升幼儿的合作能力。

在音乐区活动中，不仅有幼儿一个人的探索，也可能有幼儿与幼儿的合作探索。合作探索在乐器演奏中尤其明显，幼儿运用自己制作的材料或不同的乐器共同演奏一首乐曲，在此过程中他们的合作能力得到了有效的提高。

除了以上三种主要功能外，音乐区同样能够有效地促进幼儿动作、语言等方面的发展。例如，舞蹈、打击乐等活动可以使幼儿的动作更加灵活、敏捷，而欣赏与评价作品则有助于发展其语言表达的流畅性、发音的准确性并增加其词汇量。

2. 落实《纲要》和《指南》的精神

深圳市莲花二村幼儿园为全面落实《纲要》和《指南》的有关精神，实现音乐区域建构与实施的中国化与本土化，根据本园音乐区域的活动要求制定了有关音乐教育方面的目标（见表1-4）。

表1-4 《纲要》《指南》和我园在音乐教育方面的目标对照表

《纲要》中的目标	《指南》中的目标	我园的目标
（一）目标 1. 能初步感受并喜爱环境、生活和艺术中的美。 2. 喜欢参加艺术活动，	（一）感受与欣赏 **目标1 喜欢自然界与生活中美的事物** 3—4岁 2. 容易被自然界中的鸟	（一）区域总目标 1. 体验音乐活动的乐趣。 2. 通过感受周围环境和音乐作品中的美，形成对音乐美的敏感性和审美能力。

第一章 解读艺术区

续表

《纲要》中的目标	《指南》中的目标	我园的目标
并能大胆地表现自己的情感和体验。 3. 能用自己喜欢的方式进行艺术表现活动。 （二）内容与要求 1. 引导幼儿接触周围环境和生活中美好的人、事、物，丰富他们的感性经验和审美情趣，激发他们表现美、创造美的情趣。 2. 在艺术活动中面向全体幼儿，要针对他们的不同特点和需要，让每个幼儿都得到美的熏陶和培养。对有艺术天赋的幼儿要注意发展他们的艺术潜能。 3. 提供自由表现的机会，鼓励幼儿用不同艺术形式大胆地表达自己的情感、理解和想象，尊重每个幼儿的想法和创造，肯定和接纳他们独特的审美感受和表现方式，分享他们创造的快乐。 4. 在支持、鼓励幼儿积极参加各种艺术活动	鸣、风声、雨声等好听的声音吸引。 4—5岁 2. 喜欢倾听各种好听的声音，感知声音的高低、长短、强弱等变化。 5—6岁 2. 乐于模仿自然界和生活环境中有特点的声音，并产生相应的联想。 目标2 喜欢欣赏多种多样的艺术形式和作品 3—4岁 1. 喜欢听音乐或观看舞蹈、戏剧等表演。 4—5岁 1. 能够专心地观看自己喜欢的文艺演出或艺术作品，有模仿和参与的愿望。 2. 欣赏艺术作品时会产生相应的联想和情绪反应。 5—6岁 1. 艺术欣赏时常常用表情、动作、语言等方式表达自己的理解。 2. 愿意和别人分享、交流自己喜爱的艺术作品和美感体验。 （二）表现与创造 目标1 喜欢进行艺术活动并大胆表现 3—4岁 1. 经常自哼自唱或模仿有	3. 初步学会使用简单的乐器等材料，通过歌唱活动、韵律活动、乐器演奏活动、欣赏活动等激发创造力、想象力。 （二）各年龄段总目标 3—4岁 1. 愿意参加音乐活动，喜欢听音乐和观看他人表演，体验参与音乐活动的快乐。 2. 能用自然的声音一句一句地歌唱，初步理解和表现歌唱的形象、内容和情感。 3. 知道歌曲名称，初步理解简单歌曲的内容，在教师的帮助下为简单的歌曲创编部分歌词。 4. 能跟随音乐节奏做简单的日常生活动作，模仿动物的动作，并初步体验用表情、动作、姿势与他人沟通。 5. 学习简单的集体舞和音乐游戏，初步辨别明显的旋律变化，并能区别音乐快慢、随音乐表演。 6. 认识圆舞板、碰铃等小乐器，尝试用小乐器为熟悉的、简单的歌曲伴奏，初步做到同时开始和结束。 4—5岁 1. 能以饱满的情绪、自然的声音协调一致地歌唱，并能根据歌曲的内容需要自然地改变音色。 2. 能用不同的速度、力度、音色变化来表现歌曲的形象、内容和情感；能唱出2/4拍和3/4拍歌曲的不同节拍感觉，且学会在歌唱

续表

《纲要》中的目标	《指南》中的目标	我园的目标
并大胆表现的同时，帮助他们提高表现的技能和能力。 5. 指导幼儿利用身边的物品或废旧材料制作玩具、手工艺品等来美化自己的生活或开展其他活动。 6. 为幼儿创设展示自己作品的条件，引导幼儿相互交流、相互欣赏、共同提高。 （三）指导要点 1. 艺术是实施美育的主要途径，应充分发挥艺术的情感教育功能，促进幼儿健全人格的形成。要避免仅仅重视表现技能或艺术活动的结果，而忽视幼儿在活动过程中的情感体验和态度的倾向。 2. 幼儿的创作过程和作品是他们表达自己的认识和情感的重要方式，应支持幼儿富有个性和创造性的表达，克服过分强调技能技巧和标准化要求的倾向。	趣的动作、表情和声调。 4—5岁 1. 经常唱唱跳跳，愿意参加歌唱、律动、舞蹈、表演等活动。 5—6岁 1. 积极参与艺术活动，有自己比较喜欢的活动形式。 2. 能用多种工具、材料或不同的表现手法表达自己的感受和想象。 3. 艺术活动中能与他人相互配合，也能独立表现。 目标2　具有初步的艺术表现与创造能力 3—4岁 1. 能模仿学唱短小歌曲。 2. 能跟随熟悉的音乐做身体动作。 3. 能用声音、动作、姿态模拟自然界的事物和生活情景。 4—5岁 1. 能用自然的、音量适中的声音基本准确地唱歌。 2. 能通过即兴哼唱、即兴表演或给熟悉的歌曲编词来表达自己的心情。 3. 能用拍手、踏脚等身体动作或可敲击的物品敲打节拍和基本节奏。	过程中等待和正确地表现出歌曲的前奏、间奏；初步学会独立地接唱和与他人对唱。 3. 能够按音乐的节奏做简单的上、下肢联合的基本动作、模仿动作和舞蹈动作，且随音乐的变化而改变动作的力度、速度等，学会一些创造性地改变熟悉的节奏的方法，初步了解一些创编韵律动作组合的规律。 4. 能初步根据不同的乐段大胆地扮演不同角色，愉快地进行游戏。会按节拍进行简单的韵律活动。 5. 能感受3种不同性质的歌曲，并体验音乐力度、速度的明显对比及渐变关系。 6. 能在一定时间内注意力比较集中地倾听、欣赏音乐、舞蹈作品，能够区分作品的性质。 7. 能听辨7种常见打击乐器的音色。运用各种乐器为乐曲伴奏，学会简单的齐奏、轮奏、合奏，并选用相应的乐器伴奏。养成集中注意力看指挥和对指挥的要求做出积极反应的习惯。 5—6岁 1. 感受不同性质的歌曲，能协调地齐唱、领唱、对唱及进行简单的两声部合唱，表达歌曲的内容和感情。 2. 根据不同歌曲的内容和要求来控制、调节自己的歌声。 3. 在音乐游戏中大胆扮演各种音乐形象，表现不同的情节。

续表

《纲要》中的目标	《指南》中的目标	我园的目标
3. 幼儿艺术活动的能力是在大胆表现的过程中逐渐发展起来的，教师的作用应主要在于激发幼儿感受美、表现美的情趣，丰富他们的审美经验，使之体验自由表达和创造的快乐。在此基础上，根据幼儿的发展状况和需要，对表现方式和技能技巧给予适时、适当的指导。	5—6岁 1. 能用基本准确的节奏和音调唱歌。 2. 能用律动或简单的舞蹈动作表现自己的情绪或自然界的情景。 3. 能自编自演故事，并为表演选择和搭配简单的服饰、道具或布景。	4. 能按照音乐的节奏做出各种基本动作、模仿动作和舞蹈动作组合。 5. 根据旋律和内容进行简单的仿编、创编，能表演不同风格的舞蹈，在音乐伴奏下变换队形。 6. 能欣赏有明显特点的民族歌舞和外国儿童歌舞，感受不同风格的艺术美。 7. 学习各种打击乐器的基本演奏方法，尝试即兴指挥。 8. 能辨别常用乐器的音色，能感受声音的高低、强弱、快慢及节奏变化。能正确地使用多种打击乐器合奏、轮奏。

三、关键经验及思维导图

从《指南》中我们可以看出，无论是美术区还是音乐区，其关键经验都可以从两个方面进行归纳总结，即感受与欣赏、表现与创造。对幼儿艺术区关键经验的总结能够帮助教师在艺术区中创设适合幼儿发展的环境以及提供或设计开发适宜的材料与工具，为幼儿在艺术区的体验、探索、表现与创造以及艺术素养的培养奠定基础和做好准备。

（一）关键经验

◆ 喜欢自然界与生活环境中美的事物与好听的声音；

◆ 喜欢欣赏多种多样的艺术形式、作品与活动；

◆ 喜欢进行艺术活动；

◆ 能够用不同的方式表达自己对艺术作品的理解并愿意分享。

（二）思维导图

幼儿思维的符号性和情感性的特点使得"幼儿对事物的感受与理解不同于成人，他们表达自己认识和情感的方式也有别于成人"[①]。在音乐与美术两个区域的目标与内容设置中，教师要紧紧依据《纲要》艺术领域"内容与要求"的第三条："提供自由表现的机会，鼓励幼儿用不同艺术形式大胆地表达自己的情感、理解和想象，尊重每个幼儿的想法和创造，肯定和接纳他们独特的审美感受和表现方式，分享他们创造的快乐。"艺术区让幼儿在多样的美术与音乐的艺术形式中探索、表现与创造，最终形成可持续发展的艺术表现力与创造力。

艺术区的学习，以激发幼儿对艺术的兴趣（即艺术态度）、体验艺术带来的乐趣（即艺术情感）、发展艺术表现力与创造力（即艺术能力）为主要目标。在艺术区思维导图中，教师会根据区域中不同的活动内容设计并投放相关材料，以游戏的方式激发幼儿参与美术和音乐活动的欲望，鼓励幼儿在绘画、手工、歌唱、韵律、乐器演奏、欣赏等活动中通过感受、表现、创造、欣赏、表演、展示、交流、评赏等一系列艺术行为获得审美的享受，同时获得相关的艺术知识与能力。教师在设置美术区与音乐区时，应遵循幼儿美术与音乐学习的规律与需要，以感知—表现—创造为基本线索，由浅入深、由易到难、由简单到丰富，层层递进地促进幼儿艺术领域的发展。艺术区的思维导图如图1-1所示。

---

① 中华人民共和国教育部. 3～6岁儿童学习与发展指南[M]. 北京：首都师范大学出版社，2012.

第一章 解读艺术区

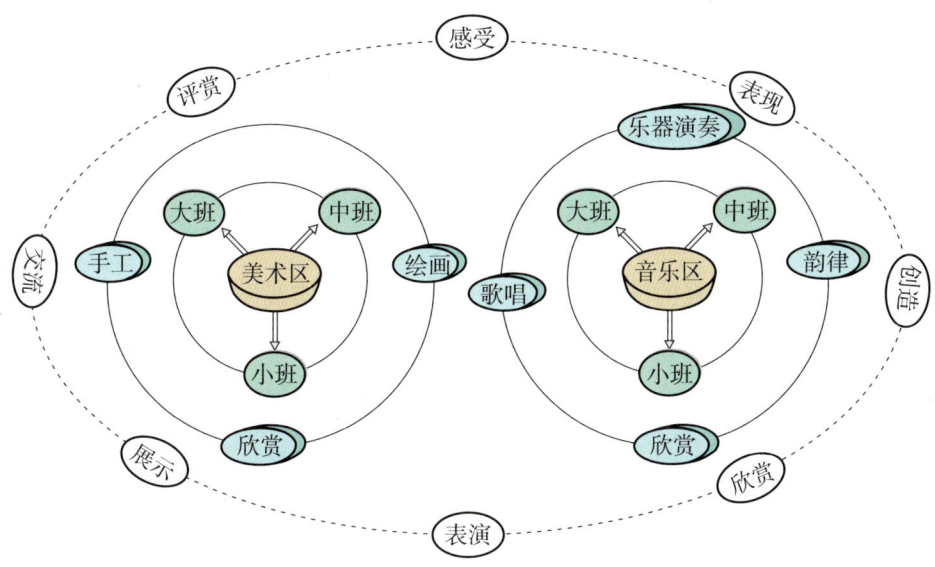

图 1-1 艺术区思维导图

第二节　美术区环境与材料

　　蒙台梭利提出教育者需要为儿童提供"有准备的环境"。教师在创设美术区环境时，同样需要为幼儿精心准备开放的、动态的、能够提供多种探索活动的环境。而美术区材料则是"有准备的环境"中的核心要素，是开展区域活动的物质基础，承载着美术领域的学习内容，心理学家皮亚杰指出："一个被动的观察者是无法得到知识的，必须通过在分析种种活动中自行挖掘或建立知识，幼儿的主动活动与教师精心投放的材料之间有着密切的关系。"同时，《纲要》艺术领域"内容与要求"第五条指出："指导幼儿利用身边的物品或废旧材料制作玩具、手工艺品等来美化自己的生活或开展其他活动。"这要求教师拥有一双会发现、会思考的眼睛，充分挖掘出身边各种物品及废旧材料中蕴含的教育价值，鼓励幼儿用不同艺术形式大胆地表现与创造，在满足幼儿个体想

法与创造性表达的同时，促进幼儿掌握各种技能技巧、提高动手能力。

一、美术区环境的特点

美术是一门视觉艺术，需要通过审美的眼睛来感知艺术世界；同时美术也是一门实操性很强的学科，需要通过自身反复的实践操作来提升技能。幼儿园的美术教育同样如此。在美术区环境准备与创设中，教师需要遵循美术领域的教育目标，结合班级幼儿的年龄特征、整体发展需求、个别发展差异等，合理利用教室空间，创造舒适、宽松、自由、开放、富有美感的美术区环境，让幼儿在充满艺术氛围的环境中进行艺术探索与创造，从而获得感受美与展现美的能力。在创设美术区环境时，具体可从美术区整体布局、空间利用、物品摆放等多方面进行思考。

（一）遵循幼儿本位的基本原则，创设人文与物质兼备的区域环境

教育家陈鹤琴先生认为："（在）怎样的环境（中），就得到怎样的刺激，得到怎样的印象。"教师在思考创设美术区环境时，首先应该遵循幼儿本位的基本原则。美术区不仅需要为幼儿提供丰富的物质环境，同时还要为幼儿创设开放、自由、民主的人文环境。当拥有了足够的活动空间、丰富区域材料的选择自由，还有属于自己的成果展示小天地时，幼儿的探究兴趣及动手愿望就会倍增，自主性学习能力就会大大提高，其就能够主动、积极地进行大胆想象与创作。

为了优化美术区的物质环境，在环境创设中，教师可以从以下几个方面进行思考：充足的光线可以让幼儿充分感受艺术作品的色彩，美术区需要设置在光线比较好的地方，最好是临近窗户，这样既有利于幼儿辨识色彩，也有利于保护幼儿的视力；另外，美术区设置在靠近水源的地方，可便于幼儿在活动中用水调颜料、冲洗笔刷等工具；还可以在美术区规划出专门的区域，供幼儿晾晒、展示与保存作品。

第一章　解读艺术区

（二）根据美术领域学习特点，规划出既独立又开放的活动场所

　　美术区是幼儿园区域活动中的创意区域，幼儿在美术区的学习探索中，除了独立自主地创作作品之外，还需要与同伴相互合作，大胆地尝试开展各种创意活动。因此，教师需要为幼儿提供一个既独立又开放的空间，以保证幼儿在活动过程中的独立性与合作性。为了保证区域的独立性，教师可以将活动柜靠墙摆放成开放式空间，或依角摆放成半包围型，或以矮柜、木架、收纳箱、画架等作为划分美术区与其他区域的屏障，利用柜子的高矮搭配、活动柜的不同方向摆放等，这样能很好地划分不同的功能区域，适宜的隔断也能起到放大区域教育功能的作用（见图1-2）。

图1-2　独立的美术区

　　除此之外，美术区与其他区域相比更具有张力与融合性，能够接纳来自不同区域的材料，因此美术区与其他区域之间应该保持开放联动性，使区域活动相互渗透，产生领域之间的相互"对话"。如，有的幼儿在科学区完成"小动物爱吃什么"的材料操作后，需要对小动物及食物的图片进行美化，他就可以到美术区选用自己喜欢的颜色笔将红萝卜涂上红色、将青菜涂上绿色，还可以进行添画等自由创作。

（三）精挑细选区域内物品，创设出具备教育功能的美术空间

　　幼儿审美能力的提高离不开周围环境潜移默化的影响，在创设美术区整体环境的过程中，风格各异的活动柜、置物架、展示橱都能够营造出艺术的效果。教师在选择各类物品的过程中应做到精挑细选，创设出具备教育功能的艺术空间。例如：教师可根据家具高矮不一、长短不同的特点，在美术区

图 1-3　作品展示架

图 1-4　作品展示墙

规划一个适宜的位置将其按照类别、高矮有层次地摆放，错落有致的家具可在无形中提升幼儿在整体造型、空间方位等方面的审美能力；教师可选择树枝造型的作品展示架（见图 1-3）挂放幼儿的美术作品，这样不仅能够起到美化环境的作用，还能够凸显出环境的教育功能；教师还可将美术区桌面、柜面、墙面（见图 1-4）、空中都变成幼儿作品的展示空间，或形成隔断，或利用展示架，形成层次分明的格局，这样的环境布局不仅渲染了以艺术为主题的情境，还营造出了独特的艺术氛围，同时凸显了美术区的教育功能。

二、美术区物品的摆放

美术区相对其他区域来说是比较开放的，教师在创设出极具艺术氛围的大活动空间后，为了让幼儿能够自由选择各种材料和工具从事相关的美术活动，还需要投放桌椅及大量的颜料、画笔、画纸、泥塑、美术工具等。在有限的空间内科学地摆放这些物品，合理地规划活动柜、桌椅的摆放位置，可以让幼儿在自由、轻松的环境中探索与尝试运用各种工具与材料。下面我们将从"适宜的活动柜与桌椅摆放""美术区操作材料的合理摆放""幼儿美术区作品的摆放"三个方面进行阐述。

（一）适宜的活动柜与桌椅摆放

活动柜与桌椅在美术区是必备品，活动柜用来摆放美术区的各类探索材料，桌椅是供幼儿操作美术区活动材料的平台。无论是活动柜还是桌椅，教师在选择时都应该充分考虑安全因素及幼儿的年龄特点，并根据幼儿的身心发展水平以及本年龄段的学习特点来摆放。

在选择桌椅时，除了应该保证桌子的材质安全无毒，桌面光滑，桌子的高度、大小与椅子匹配等，还应满足以下几方面的要求：首先，在高矮方面，活动柜的高矮、宽窄、大小等应该适合幼儿的身高，柜子内的各个层架应该在幼儿的视线范围之内，便于幼儿随时取放材料；其次，在层架间隔方面，因为盛放材料的托盘有高矮、大小、材质方面的区别，活动柜层架的间隔要适宜，适合摆放容纳各种材料的篮、筐等；最后，在颜色方面，美术区材料丰富且多样，为了避免因为材料多而造成幼儿眼花缭乱，活动柜一般为浅色系，这样在视觉上能够让幼儿觉得舒适、清爽，同时也能够突出每一个托盘中的主体材料（见图1-5）。基于美术区活动的灵活性与多样性特点，选用的活动柜不仅要安全稳固、经济实用，还要轻便可挪动，摆放时可灵活多变。在为

图1-5　美术区桌椅

不同年龄段的幼儿选择、摆放美术区活动柜和桌椅时，还应该关注幼儿的年龄特征和此年龄段幼儿学习美术的特点，合理规划、科学摆放桌椅。如：小班阶段的幼儿年龄小，做事情专注度不高，动作发展尚不成熟，喜欢单一重复的操作，在美术学习中只对简单的涂涂画画、容易成型的手工感兴趣，因此，教师在摆放小班美术区的桌椅时，经常会将若干张小桌子拼在一起，为幼儿创设出一个大的操作台，同时也会巧妙利用美术区的墙面，将其设计成"绘画墙"（见图1-6），供幼儿自由创作。随着中班阶段的幼儿美术经验的丰富和

动手能力的增强，美术区创造性的活动越来越多，教师可以用桌子和柜子将美术区分隔为绘画区、手工区和创想空间等，幼儿可根据自己的兴趣选择不同的活动内容，在充满创意的环境中开心地想象与创作，从而有效提升美术技能及自主学习的能力。大班教师应该灵活调整幼儿在美术区活动的范围，允许幼儿

图 1-6　美术区绘画墙

按照自己的意愿随时调整桌椅的摆放方式，给予幼儿自主安排、调整活动空间的自由，这种方式更能激发幼儿深层次的探索与创作热情。

（二）美术区操作材料的合理摆放

美术区材料的丰富性与多样性使得美术区与其他区域相比要杂乱一些，为了保证美术区的条理性与有序性，教师除了用活动柜摆放物品之外，还可选择一些方便取放的置物架。置物架的种类有很多，有的是在市场上能买到的常规置物架，有的是教师利用旧的纸箱、层板自己设计搭建而成的置物架，还有的是教师将废弃的木头和树枝加工改造而成的置物架（见图1-7）。教师可将这些置物架摆放在操作台面、地面和柜面上，调整好高度，以方便幼儿取放。

图 1-7　美术区置物架

在利用置物架摆放各类物品时，应该做到分类摆放、一目了然。比如：纸张分类摆放，将折纸用纸、绘画用纸、装饰用纸按照纸张的材质、大小、颜色分门别类地摆放在置物架的不同层架上；美术用笔分类，将不同用途的彩色铅笔、水彩笔、油画棒、毛笔、勾线笔等分颜色、分用途装在笔筒里，摆放在桌面的置物架上；工具分类摆放，将做手工用的剪刀、胶水、订书机、

双面胶等物品按照用途分类摆放在置物架上。这种通过置物架来摆放物品的方式能够将美术区的物品清晰地呈现出来，幼儿在区域活动中就能够快速找到自己需要的材料、工具，有利于活动的开展。

同时，教师还可以利用置物架的分类摆放将大区分割成几个小块（如绘画区、手工区、陶艺区、工具区等），通过置物架上材料的隐形暗示细化美术区的操作内容，每个小区顺势而成、巧妙连接，既开放，又相对封闭，既有一定间隔，又能自由交流，从而便于幼儿开展各项自主性探究活动（见图1-8、图1-9）。

图 1-8　美术区桌面置物架

图 1-9　树干做成的置物架

（三）幼儿美术区作品的摆放

幼儿在美术区创作的作品很多。为了让幼儿互相欣赏与分享，及时对自己的作品进行回顾，教师可巧妙地将美术区桌面、柜面、墙面、天花板等地方都设计成幼儿作品的展示空间，将幼儿已经完成的手工作品做成吊饰悬挂在空中，将各种绘画作品张贴在展示墙上，将制作好的陶艺作品陈列在置物架上。这些作品在美术区或形成隔断，或形成层次分明的格局。这样的展示方式不仅渲染了以艺术为主题的情境，营造出了独特的艺术氛围，同时还向幼儿传递着"艺术也是日常生活的一部分"这一信息，让幼儿理解艺术即生活、生活即艺术，进而激发他们发现生活中的美，帮助他们用艺术美化生活、提升生活品质。

三、美术区中的标识

所谓标识,是一种用于指示、向导、提醒和传递信息的图示。在美术区中,教师为幼儿提供各种类型的操作材料,这些丰富的操作材料需要分类摆放,同时幼儿也需要养成从哪里取走就归还哪里的良好收纳习惯,以保证环境的整洁与美观。为了帮助幼儿记住每一份材料的具体位置,教师通常会设计出各种不同的标识,用来区分美术区的各种材料,幼儿在活动中通过标识的暗示与刺激,在建立起良好的区域活动常规的同时,养成主动收纳整理区域材料的好习惯。美术区标识包括工作坊标识(见图1-10)、活动柜及材料筐标识、桌面标识等。

图 1-10 美术工作坊标识

(一)美术区活动柜及材料筐标识

前面我们讲过,为了更好地体现美术区的创意空间,教师会选择各种高矮不同、大小不一、形状各异的活动柜来布置美术区。为了让幼儿清楚地记住不同的材料在活动柜中的摆放位置,教师通常会在美术区的活动柜上粘贴各种便于记忆的标识,让幼儿通过与标识"对话",了解材料取放规范以及区域活动规则。教师需要根据幼儿的年龄特点、认知经验以及领域特色设计出便于不同年龄段幼儿辨识的标识。

小班幼儿的思维方式以直观性和具体形象性为主,他们对色彩比较敏感。因此,教师在为小班幼儿设计美术区材料筐标识时,经常会选用常见的色彩作为素材,如红、黄、蓝三原色等(见图1-11)。幼儿在收拾整理材料时,能够通过活动柜及材料筐上颜色的指引，快速地将材料收纳整齐，简单的标识体现了强大的教育功能。

中班幼儿的规则意识初步形成，对常见的色彩、线条的构图有了相应的认知经验，同时也具备了简单的分类能力。教师在为中班幼儿设计美术区材料筐标记时，可以以"线条"为主体，设计出不同类型的线条标识，如螺旋线条标识、回字纹线条标识等（见图1-12）。幼儿在有序取放美术区材料时就潜移默化地提升了对各种线条的认识。

图1-11 小班美术区材料筐标识

大班幼儿与中小班幼儿相比，具有丰富的区域活动经验，各方面的能力有所增强。教师在设计大班美术区材料筐的标识时增强了挑战性和实操性，将幼儿以往的混色经验融入美术区的标识中，材料筐的标识用到两种不同的颜色，幼儿需要找到有两种颜色混合后的颜色标识的材料筐对应摆放，如红色和黄色混色的结果是橙色，黄色和蓝色混色的结果是绿色等（见图1-13）。这些标识不仅能够帮助幼儿巩固以往的美术学习经验，而且可以在不同程度上激发幼儿对色彩的探究欲望。

图1-12 中班美术区材料筐标识

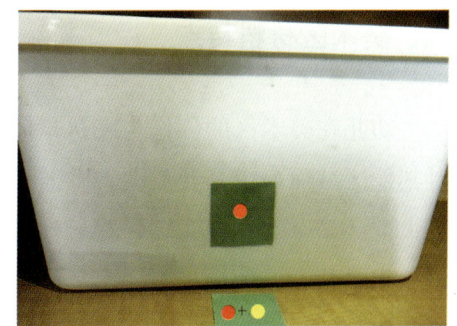

图1-13 大班美术区材料筐标识

（二）美术区桌面标识

桌面标识泛指美术区桌面小件物品的摆放指引。为了保持美术区的有序，教师会将彩色笔、剪刀、胶水等小件物品放在桌面上，以各种方式帮助幼儿整理摆放。以美术区彩色笔的收纳为例，对于小班幼儿，可采取彩色笔与笔筒颜色直接对应的方式，将笔筒的颜色作为标识，使用与美术区画笔颜色一致的笔筒（见图1-14），幼儿在整理时直接将画笔放入与其颜色一致的笔筒即可。而对于中大班幼儿，可以在标识的设计中增加难度，如采用同样颜色的笔筒，在桌面贴上与笔筒中的彩色笔颜色一致的点点（见图1-15），幼儿在整理画笔时，需要让画笔和桌面上的彩色点点颜色一致，而不是对应笔筒颜色。这些巧妙的设计对年龄大的幼儿来说是新的挑战。

图1-14 小班美术区桌面标识

图1-15 中大班美术区桌面标识

四、美术区材料特点

幼儿在美术区的创作与表达是借助于各种材料而完成的。美术区材料相对其他区域而言更具开放性、多样性与创造性。我们一般把美术区材料分为五大类：第一类，绘画类材料。包括各种材质的画纸、油画棒、水彩笔、毛笔、水粉颜料、丙烯颜料、水墨画颜料等。第二类，手工类材料。包括制作纸工作品的卡纸、KT板[①]、蜡光纸、亮光纸、皮纹纸、色纸、泡绵纸、包装

[①] 是一种由聚苯乙烯（Polystyrene，缩写PS）颗粒经过发泡生成板芯，经过表面覆膜压合而成的板材。

纸，制作泥工作品的超轻黏土、橡皮泥、陶泥等。第三类，工具类材料。包括双面胶、泡棉胶、白乳胶、安全剪刀、花边剪刀、各式压花机、3D打印笔[①]及耗材（见图1-16）等各种工具。第四类，半成品立体材料。包括装饰用的各种小动物模型、白面面具、白面扇子（见图1-17）、屏风等。第五类，废旧材料。包括各类盒子、瓶子、纸杯、吸管、筷子、蔬菜根、果壳、鸡蛋壳、乒乓球、玻璃珠、扣子、豆子、树枝、彩色毛线、石头等。幼儿在美术区活动时，可根据自己的兴趣爱好自主选择操作材料，大胆进行加工、装饰与改造，创作出个性化的美术作品。

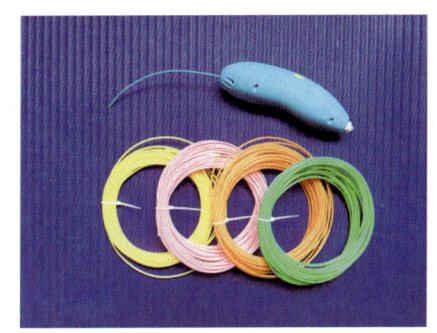

图1-16　3D打印笔及耗材

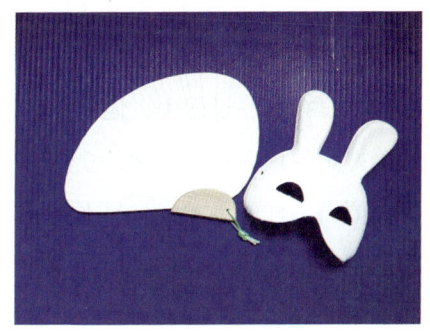

图1-17　白面面具与扇子

为了让幼儿在使用美术区材料的过程中更好地进行艺术探索与创造，教师在提供美术区材料时，需要把握材料的高质量与安全性、多样性与层次性、本土化与创意性三大特征，美术区材料只有同时兼具这三大特征，才能保证活动的有效开展，从而促进幼儿对美的感受力、表现力及创造力的提升。

（一）高质量与安全性兼具

美术区活动由绘画、手工及美术欣赏三个方面的内容组成。在探索与操作材料的过程中，为了保证幼儿创作活动的顺利开展，教师为幼儿提供的各种操作材料需要选择质量上乘的材料，如水彩笔的颜色不要有色差、勾线笔出水均匀、油画棒色彩漂亮且容易上色、超轻黏土不会黏手等。此外，从安

[①] 3D是3 Dimensions的简称，即三维。3D打印笔即三维打印笔。

全、健康的角度出发，教师要为幼儿选择符合安全标准的操作材料，如提供的需要手、皮肤等器官直接触碰的颜料、胶水、超轻黏土、陶泥、剪刀等材料必须安全无毒。对于美术区收集到的废旧物品，教师需要严格把关，避免出现玻璃器皿有裂缝、树枝有毛刺等情况，而且所有的废旧物品都需要进行清洁与消毒，以保证幼儿的健康与安全。

（二）多样性与层次性兼具

区域材料是区域活动的物质载体，因此区域材料是否丰富与充足对幼儿的区域活动质量有重大影响。幼儿在美术区开展的活动是自主探索、充满创意的过程，在这一过程中，他们能够运用教师提供的各种材料将自己的生活经验和美好想象用颜色、绘画、立体作品等生动形象地表现出来。材料的多样性尤为重要，多样的美术区材料不仅能够带给幼儿强烈的感官刺激，激发幼儿在美术区探究的欲望与兴趣，还为幼儿的自由表现创造了良好的物质条件，可满足拥有不同优势智能的幼儿的发展需求及创作风格。

教师在投放多样性美术区材料的过程中，需要考虑全班幼儿在美术方面的整体发展水平及幼儿的个体需求，尊重幼儿之间的个体差异性，在材料方面充分体现层次性。材料的层次性主要体现在三个方面：①为不同年龄段幼儿提供的材料具有层次性。这是指教师根据不同年龄幼儿的发展水平为其提供不同的材料。如：小班幼儿的经验有限，教师应多为他们提供趣味性强、具有情境性的材料或容易成型的材料供其创作；到了中班，教师会根据全班幼儿的发展水平适当提供半成品材料或可替代的工具，以激发幼儿探究与创造的欲望；而对于大班幼儿，教师则提供多样化的原始材料，供幼儿充分发挥想象力并进行创作。②在同一活动中提供的材料具有层次性。由于同一年龄段的幼儿在美术方面的发展水平不一，他们对材料的要求也不一样，基于此原因，教师在提供材料时也需要体现层次性，以满足同一年龄段不同幼儿的发展需求。如在美术区活动"3D蝴蝶"中，对于操作3D打印笔熟练的幼儿，教师可以提供多种颜色的打印耗材，让这些幼儿在完成蝴蝶的打印之外还可以打印出花草树木等，使作品成为一个有故事的画面；而对于能力较弱的幼儿，教师在降低要求的同时，提供的打印耗材可稍微简单一些，尽可能让幼儿在熟悉技能的同时体验到成功的喜悦。③同一区域材料的层次性。这是指教师在选择投放美术区材料时，要根据材料的难易程度以及操作的繁简程度分层次投放，将材料与本阶段美术学习的教育目标结合起来，有针对性地选择并投放对幼儿现阶段发展最具促进作用的材料，做到由易到难分批投放。

（三）本土化与创意性兼具

我国丰富的传统文化与幼儿生活息息相关，《指南》艺术领域"感受与欣赏"部分目标2中的第一条教育建议也特别提出要"创造条件让幼儿接触多种艺术形式和作品。如：……带幼儿观看或共同参与传统民间艺术和地方民俗文化活动，如皮影戏、剪纸和捏面人等"。教师结合本地的传统与特点，在美术区为幼儿设计、投放一些当地特有的本土化美术活动材料，不仅可以增加幼儿的亲切感，而且可以为幼儿了解、传承传统文化提供更好的平台。如，教师可在美术区设计一些民居建筑、曲艺文化、年画、剪纸、书法等内容，投放一些具有中国传统文化特色的材料，例如毛笔、剪纸、年画、印章等（见图1-18、图1-19），让幼儿在美术区活动中体验与感悟中国传统文化的独特魅力。除此之外，美术区材料的本土化还可体现幼儿园所在区域的特色，例如，沿海城市的幼儿园可以在美术区投入各式各样的贝壳、鹅卵石等

图1-18　本土化材料之毛笔挂

图1-19　本土化材料之石刻闲章

材料，江南地区的幼儿园可投放江南小镇房子的图片供幼儿欣赏等。

美术区活动追求创意性，《纲要》艺术领域"内容与要求"第五条要求教师"指导幼儿利用身边的物品或废旧材料制作玩具、手工艺品等来美化自己的生活或开展其他活动"。教师应该为幼儿提供宽松自由、充满创意的美术区环境，各种低结构化、半成品的材料以及废旧材料，鼓励幼儿大胆进行艺术创作，通过涂涂、画画、做做充分表达自己的所思所想。在创作的过程中，幼儿既拓展了思维，也增强了对美的感受与表达能力，感受到了创作的意义与价值。

五、美术区材料投放

陶行知先生曾说："处处是创造之地，天天是创造之时，人人是创造之人。"幼儿与生俱来就有艺术创造的潜能，成人必须抓住这一时期，实施有效的发展策略，以发展幼儿的创造力。因为不同年龄的幼儿在美术领域的认知水平、能力发展、兴趣爱好等方面存在一定差异，在美术区活动中所需要的材料也各不相同，所以教师应根据幼儿的需要，有目的、有计划地设计与投放适宜的材料，并且根据幼儿美术能力的不断发展与新兴趣的产生，及时科学地调整、补充美术区材料，适宜的美术区材料投放能确保幼儿的表现与创造能力得到持续性发展。

（一）美术区材料的收集

美术区的大部分材料是开放性的低结构材料，这类材料能更好地激发幼儿操作的欲望，且幼儿动手动脑的空间更大。美术区材料一般包括美术专用材料和其他辅助材料。

美术专用材料，如：在大型物体上进行大面积彩绘和涂色，要选择宽大的排笔或大号水粉笔、毛笔，而在小型物体上绘制精细图案，要更换小号勾线笔、毛笔等；黏合纸可以用胶水，黏合立体物需双面胶，立体物接触面小的则需透明胶，木质物体要用白乳胶等。幼儿需要自己判断、选择及正确运用各种专用工具，在此过程中，幼儿通过反复的尝试逐渐积累起经验，同时他们的小肌肉动作及手眼协调能力也得到了发展。

表1-5中列举了我园教师在美术区投放的各类专用材料。

表1-5 美术区各类专用材料

类别	工具名称
笔类	记号笔、蜡笔、水彩笔、水粉笔、毛笔、排笔、勾线笔、刮画笔、彩铅等
纸质	牛皮纸、宣纸、皱纹纸、瓦楞纸、彩纸、报纸等
刀类	安全剪刀、花边剪刀、压花器等
黏合类	双面胶、透明胶、液体胶水、固体胶水、白乳胶等
颜料	水彩、水粉、油彩、丙烯等
其他	泥工板、拓印模具、调色盘、水桶、订书机、图钉、夹子、橡皮、卷笔刀、砚台、毛毡垫、3D打印笔、画架、涂鸦板、模具等

教师除了要投放美术专用材料外，还要多渠道、全方位地收集各种废旧材料、半成品材料（见表1-6）等供幼儿再创作。让幼儿通过收集来的各种材料，大胆尝试、尽情想象，以绘画、手工等艺术行为来表现自己的所思所想，激发幼儿的美术创造欲望。

表1-6 美术区各类半成品材料

材质	材料名称
纸质	砂纸、餐巾纸、自制纸浆材料、卫生纸轴、报纸、纸袋、碎纸条、锡纸、面具胚子等
塑料	彩珠、亮片、扣子、吸管、水桶、矿泉水瓶、PVC管[①]、泡沫板等

---

① PVC是Polyvinyl Chloride的简称，即聚氯乙烯。PVC管就是主要成分为聚氯乙烯的塑料管材。

续表

材质	材料名称
布类	T恤、毛巾、布包、棉布片等
木质	木片、木桶、木棍、木勺、木块等
竹制	竹筒、竹片、竹编物（竹篮、竹椅、簸箕、竹垫子）等
泥类	橡皮泥、超轻黏土、自制陶泥坯子等
石头	鹅卵石、平面石等
玻璃	瓶子、镜子、滚珠等
金属	螺丝帽、金属管、易拉罐、灯泡头、钥匙圈等
贝类	蚌壳、海螺、贝壳、蟹壳等
蔬菜类	青菜、南瓜、花生、藕、萝卜、土豆等
玩具类	小人木偶、积木等
其他	树叶、羽毛、干花、开心果壳、棉签、扭扭棒、麻线等

某些美术区工具（如剪刀、压花器、刮刀、3D打印笔等）使用起来有危险，教师在投放这类工具时要提前做好两点准备：一是引导幼儿掌握这些工具的正确使用方法；二是在这些工具上贴上明显的警示标志，让幼儿看到警示标志产生警觉，小心地按照正确方法操作。

（二）美术区材料的投放

幼儿园的美术区是一个有机的整体，它是一个由有计划、有目的、有顺序的活动内容有序组合起来的学习系统，在材料投放时需要有严谨性、逻辑性与层次性。

1. 多角度、分层次投放材料，满足幼儿的基本发展需求

教师在投放美术区材料时，应充分考虑班级幼儿当前的需要，从材料目标的内在线索、材料内容的难易程度、材料方法的操作繁简这三个方面综合考虑，多角度、分层次投放材料，努力使幼儿在与美术材料互动中体验感知、

获得新知。

（1）根据材料目标的内在线索。

在投放美术区材料之前，教师首先要根据《纲要》和《指南》所强调的美术领域的学习目标进行分析，梳理出美术区活动内容的内在线索，并对已有的活动材料进行分层整理。《指南》艺术领域"表现与创造"部分目标1为"喜欢进行艺术活动并大胆表现"，其中对4—5岁幼儿提出的具体目标为"经常用绘画、捏泥、手工制作等多种方式表现自己的所见所想"。针对这一条，教师需要对美术区的材料进行筛选，如果发现缺少某类材料，教师就需要根据目标投放相关的美术材料，保证美术区材料内在线索的完整和投放材料的科学合理。

（2）根据材料内容的难易程度。

教师根据美术领域的目标设计出有区域内在线索的系统活动内容后，在材料投放时还需要充分考虑材料内容的难易程度，根据每份材料的难易程度由简到难、呈递进式地有序投放。例如在绘画部分，可以将材料分为三层，分别用星级表示：第一层——各种平面纸张，标为一星；第二层——纸杯、纸盘、卷筒纸芯、纸盒等，在立体物品上彩绘难度较大，但由于易着色、小且拿捏方便，故标记为二星；第三层——泡沫球、乒乓球、鹅卵石等，由于这些物品不易着色、小且不便拿捏，故标记为三星。材料的星级越高，说明挑战的难度越高。幼儿可从简单的材料开始，挑战不同的难度，从而获得美术方面的相关技能。

（3）根据材料方法的操作繁简。

在分层次投放美术区材料时，除了材料目标的内在线索、材料内容的难易程度，教师还应该从材料操作方法的繁简方面进行思考。操作简单的活动材料容易帮助幼儿达到目标，适合动手能力稍弱的幼儿，可以投放在先；操作复杂的活动材料考验幼儿的持久性、自信心和专注力，对能力较强的幼儿是一种挑战与历练。例如，小班活动"小鸡跳跳"需要幼儿完成以下步骤：首先，需要在小鸡立体模型的每一个部位均匀地抹上超轻黏土，然后用刮刀将小鸡身上的毛理顺平整,最后在布满彩色黏土的小鸡模型上仔细粘上亮片、红豆、羽毛等不同材质的辅助材料,装饰小鸡的眼珠、脚、尖嘴巴和毛。整个操作的过程很烦琐,需要幼儿有序、耐心、细致地完成。教师在投放这份材料时,需要考虑到操作的复杂性,由简单到复杂依次多角度、分层次投放,充分考虑班级幼儿的发展水平与现实需要。

2. 提供独特的替代材料,满足幼儿差异发展的需要

幼儿的发展是具有差异性的,不同的幼儿有不同的学习内在动机,教师在美术区为幼儿提供各种新颖独特的替代材料,能够引发他们的好奇心与探究欲望,从而促使他们在活动中积极尝试并创作出不同的作品。在小班美术区活动"蔬菜印章画"中,教师提供横切的莲藕、丝瓜、大白菜、蒜等,差异化的材料可以让每个幼儿用自己熟悉且喜欢的物品进行构图、彩色印画、借形想象等。但在此过程中,每个幼儿需要对这些替代材料进行观察和分析:什么材质能构图清晰,什么材质印画上色完整,什么替代品的外形与自己创作的形象比较符合等。在这个探究的过程中,不同的幼儿学会不一样的分析,形成构图、色彩与表征方面的经验,获得快乐体验,最终实现材料促进差异性发展的目标。

3. 适时添设引导性材料,促进幼儿学习品质的提升

《幼儿园区域活动——环境创设与活动设计方法》一书中指出:所谓材料的引导性,是指教师提供的材料应能引导幼儿做出"成品",引导性是体现活动区教学的教育性和科学性的重要因素。由此可见,只有引导性材料才能够保证教育目标的实现。因此在美术区的设置中,我们应根据幼儿的能力水平和发展需要仔细梳理,有针对性地添设引导性材料,并鼓励幼儿根据引导性材料自主学习,尝试自己解决问题。例如,在大班"糖画蝴蝶"活动中,教师将糖画的操作步骤巧妙地设计成一本糖画小书,与糖画的制作材料摆放在一起,幼儿在操作时先仔细翻阅小书,熟悉制作糖画的步骤后再进行操作,参照书中图片的提示完成每一步的制作。小书引导幼儿创作出成品,进而达到教育目标。在小班"小鸡跳跳"活动中,教师为幼儿提供一张完整的小鸡

图片、半成品模型以及各种装饰辅助材料，引导幼儿根据自己的生活经验和已有的美术技能，大胆想象并运用材料对小鸡的身体及各部位进行装饰。在创作的过程中，幼儿通过与材料的互动可完成教育目标，并在感受、表现、创造美的过程中形成良好的学习品质。

（三）美术区材料调整

1. 材料调整原因

活动区材料的特点与性质直接影响着幼儿参与活动的兴趣与主动性，幼儿在与材料的互动中能够获得相关知识经验，身心得到发展。幼儿各方面能力的发展是一个动态的过程，他们的需求也会随能力的提高而不断产生变化。因此，在美术区材料调整中，教师需要依据幼儿的发展水平、发展需求和兴趣点的变化及时地调整材料。

（1）与幼儿的发展水平不匹配。

幼儿的需求具有即时生成性的特点。幼儿发展水平的变化主要体现在班级幼儿整体发展水平的变化和个别幼儿发展水平的变化两个方面。

①班级幼儿整体发展水平的变化。幼儿的发展是一个持续、渐进的过程，不同年龄段的幼儿会呈现出不同的发展特点，教师需要在活动中不断进行观察与分析，及时发现班级幼儿整体发展水平的变化，并据此及时调整材料，让幼儿在"最近发展区"中学习。随着幼儿手部精细动作水平和对事物认知水平的提升，幼儿从无控制地乱线涂鸦发展为用线条与简单图形的组合来表征所感知的事物。在水墨画活动中，教师根据班级幼儿手部精细动作水平及对水墨画认知经验的整体提升，在提供水墨画材料时遵循由简单到复杂、由易到难的原则，随时调整材料以增加绘画的难度。如：小班幼儿的水墨画经验几乎为零，教师提供"点点滴滴"活动材料，让幼儿通过在水中滴墨，感受墨汁在水中的神奇变化，为后续的水墨绘画积累感知方面的经验。到了中班，教师提供"快乐的小蜗牛"活动材料，让幼儿尝试用粗细不同的毛笔在画纸上画水墨线条，感受不同的艺术效果，学会正确的拿毛笔姿势及运笔方

法，经过多次探索，体验墨汁不同浓度层次的效果，为进入大班后的水墨画活动打下基础。对于水墨画经验丰富的大班幼儿，教师提供"鱼乐图"活动材料，让幼儿欣赏中国团扇上鱼儿在水中游的画面，活动中幼儿需要用不同的水墨画写生的方法去体现鱼儿在水中灵动的姿态及水墨画独具的意境美，调整后的材料对幼儿提出了更高的要求。

②个别幼儿发展水平的变化。《指南》"说明"部分指出："每个幼儿在沿着相似进程发展的过程中，各自的发展速度和到达某一水平的时间不完全相同。要充分理解和尊重幼儿发展进程中的个别差异，支持和引导他们从原有水平向更高水平发展。"在调整美术区材料时，教师应该关注班级中每个幼儿的个体发展情况，及时观察与反思美术区中的材料能否支持每一个孩子的发展，美术区材料能否真正实现幼儿的差异化发展。如，在大班的"3D蝴蝶"活动中教师发现，有的幼儿在立体空间、动手能力方面都较其他幼儿强，于是教师便为其设定更高的教学目标并及时调整材料，为这些幼儿提供更为复杂的3D打印材料，让他们去探究怎样更加形象地表现出蝴蝶的身体特征，使作品更加立体。教师为个别幼儿及时调整材料的策略，不仅体现出对幼儿能力的认可与支持，更体现出对幼儿学习的尊重，能够有效推动幼儿在美术领域的发展。

（2）与幼儿的现有需求不匹配。

随着知识的发展、经验的积累等，幼儿会在区域活动中产生新的需求，这样的需求可能是集体性的共同需求，也可能是某个幼儿的个性化需求。原有的材料可能会与幼儿现有的需求不匹配，不适宜的材料会阻碍幼儿的发展，因此教师需要采取不同的策略加以调整。

①班级产生了集体性需求。教师在观察幼儿的美术区活动时，可以将幼儿的集体性需求划分为三种：一种是随班级幼儿年龄的增长而产生的集体性需求，一种是某一主题引发的幼儿集体性需求，还有一种是偶发事件引起的集体性需求。教师需要根据不同情境中的需求对区域材料或工具进行调整，以满足幼儿的需要。如，在探索过"蔬菜印章画"材料之后，小班幼儿对印

章画产生了极大的兴趣，面对大多数幼儿的需求，教师需要及时调整材料，将单一的蔬菜印章调整为树叶印章、水果印章等，收集形状各异的花草树木的叶子、蔬菜水果造型作为幼儿创作印章画的材料，为幼儿进一步的探索与创造提供材料保障。

②幼儿产生了个性化需求。所谓个性化需求是指班级中的少数或个别幼儿因某种原因而产生了新的需求。出现这种情况后，教师应判断其是否属于幼儿的单一个体需求，如果这种个性化需求在后续发展中会成为群体的共同需求，只是某个孩子提前引发，那么教师就应该将这份材料列入美术区系列材料。而如果它只是幼儿单一个体的需求，其他幼儿不感兴趣，教师在调整材料时就应该将材料调整到特别研究区，单独满足这个幼儿的需求。如，某小班幼儿在完成"贴点点"的活动后，认为杯子上的点点可以通过手指点画、丙烯颜料绘画的方式来完成，那么教师就需要给其提供相应的颜料和杯子，满足其个性化需求。

（3）与幼儿的兴趣点不匹配。

激发幼儿利用美术区材料进行探索与创造的兴趣，也是教师在调整材料时需要考虑的方面。在区域活动中，随着时间的推移，当幼儿反复操作同一份材料、对材料操作过于熟练或者操作难度过低时，幼儿就会逐渐丧失对材料的兴趣；还有些材料与幼儿近期的兴趣点不匹配等。教师需要及时找到不能引起幼儿兴趣的原因，并及时从材料的新颖性、挑战性等不同角度对整体或者个别材料进行调整，从而提升材料的吸引力与挑战性。如，某大班幼儿因为不喜欢喷火龙而对石头拼贴画活动"喷火龙"完全没有兴趣，教师发现这个状况，及时调整了活动内容，鼓励幼儿根据自己的喜好，用石头拼贴出自己喜欢的动物。在这一过程中教师及时调整活动内容，不仅完成了教学目标，还尊重了幼儿的兴趣与爱好。

（4）各类活动的需求。

在幼儿园开展的大型活动中，有些活动需要美术区提供支持，如"六一"儿童节和新年的班级环境布置中需要的拉花、春节用到的剪纸对联等，这些都需要幼儿在美术区制作，因此，结合大型活动的需要，教师应该及时对美术区活动材料进行调整，投放相关的剪纸、拓印材料，以完成节日的班级环境布置。此外，区域个别探究活动是集体教学的延伸，美术区材料与主题活动的匹配能够让幼儿获取与主题相关的经验，美术区材料应该根据主题活动的变化而进行调整。如，在开展"创客生活"的主题活动中，在研究3D打印技术的时候，教师可适时地在美术区投放3D打印笔让幼儿进行探索，鼓励幼儿利用3D打印笔进行相关的艺术创作。这种根据幼儿园各类活动需求进行的美术区材料调整，能够有效地促进幼儿想象力和创造力的提升。

2. 调整策略

美术区材料的调整策略可以分为随机性个别调整、季节性局部调整和阶段性分批调整。教师在选用这些方法时，要依据时机、幼儿表现出来的不同情况，及时反思原因，并有针对性地进行调整。教师需要在材料投放记录表中详细记录材料调整的情况（见表1-7）。

表1-7 幼儿美术区材料投放记录表

记录教师：	
材料名称：	
材料照片：	
所属区域：	
投入日期：	

续表

| 投入原因： |
| 幼儿与材料互动的情况： |
| 撤出日期： |
| 撤出原因： |
| 材料优点： |
| 材料不足： |
| 后期改进： |

（1）随机性个别调整。

随机性个别调整的原因有以下几种：教师提供的材料与个别幼儿的发展水平不匹配、与个别幼儿的需求不匹配，区域中个别材料与幼儿的兴趣不匹配、不能满足幼儿园各类活动的需求等。教师需要对班级幼儿的整体发展水平、个别幼儿的个性化需求以及个体兴趣有一个完善的了解，这样才能有的放矢地对后期材料进行调整。例如，某大班幼儿在美术区对剪窗花表现出很大的兴趣，在图案对称、线条绘画、色彩搭配、剪刀运用等方面都表现优秀，根据此幼儿的特长与兴趣爱好，教师及时调整剪纸材料，鼓励其利用调整后的材料创作出更多窗花造型，这种随机性个别调整为幼儿的美术学习提供了有效支持。

（2）季节性局部调整。

季节的变化会引发幼儿园主题活动的变更以及班级幼儿集体性需求的变更。在不同的季节可在美术区投放各种与季节相关的操作材料：春季可以设计水墨画"小蝌蚪"、利用各种树枝造型制作"美丽的桃花"、装饰"鸡蛋"；夏季可以制作各种漂亮的"太阳伞"；秋季用各种落叶创作"树叶拼贴画"；冬季"剪窗花""拓印春联"等。这种根据季节的变化对美术区材料进行相应的调整与改进就是季节性局部调整。

（3）阶段性分批调整。

所谓阶段性分批调整是针对班级幼儿整体发展水平的变化或集体性需求，教师对美术区材料进行局部或者整体阶段性分批调整，这样的调整多出现于学期衔接阶段。如，小班幼儿经过上学期的练习，泥工方面的整体水平得到了提升，能够熟练运用搓、团圆、压、黏合等方法塑造简单的形象，于是教师在小班下学期开学伊始，对该类型的活动材料进行调整，投入"甜品店""装饰八音盒"等稍微复杂一些的泥工活动材料，让幼儿在前期已有的基础上学会分泥、连接、捏等方法，进一步丰富相关的泥工经验。

综上所述，美术区的三种材料调整方式并不是孤立存在的，更多的时候教师需要根据自己在活动中对幼儿的观察，科学地分析并灵活地对材料进行调整，以满足全体幼儿以及个别幼儿的发展需求。

（四）美术区材料预览

美术区不同于数学区、科学区等由高结构材料组成的区域，美术区材料多以低结构材料为主，教师在投放美术区材料时需多参考幼儿的兴趣，尊重幼儿的探究愿望与能力水平。从以下预览表中列举的31份美术区材料（小班

7份、中班12份、大班12份)(见表1-8)中可以看出,美术区的材料都是紧紧围绕美术领域的绘画、手工与美术欣赏三方面内容来提供的,幼儿通过操作区域中丰富的材料,培养审美创造的能力,提升美术方面的修养和施展美术天性。

表 1-8 美术区材料预览表

序号\班级	小班	中班	大班
1	贴点点	路边的野花	剪窗花
2	小树苗	石头彩绘	飞翔的鸟
3	点点滴滴	欢乐色块	金秋美景
4	七彩瓶	蝴蝶找花	喷火龙
5	小鸡跳跳	快乐的小蜗牛	彩色的鱼
6	蔬菜印章画	迎风鱼	立体贺卡
7	手掌对印画	我妈妈	糖画蝴蝶
8		甜品店	喜庆春联
9		装饰八音盒	首饰设计
10		贝壳拓印添画	陶泥花瓶
11		3D 小刺猬	3D 蝴蝶
12		3D 小树叶	鱼乐图

第三节 音乐区环境与材料

音乐区环境指教师以幼儿年龄特点、发展需求、领域特征等为依据,为幼儿精心创设的音乐活动环境。音乐区环境包括区域活动的空间、场地设置、设施配备以及物品摆放等。幼儿在音乐区环境中能够自主选择音乐活动内容、自由与同伴进行各类表演、自发开展各项音乐活动等。幼儿在音乐区通过主动探索、积极表现，获得音乐领域的关键经验。

一、音乐区环境的特点

音乐区是幼儿自由表现和表达的活动场所，幼儿在音乐区需要唱唱跳跳、敲敲打打，因此音乐区相对其他基本区域来说宽松、自由、热闹一些。基于音乐区的特点，在音乐区环境创设的过程中，教师需要认真思考、精心设计，既考虑音乐区活动对其他区域的影响，又重视幼儿在音乐区的体验、感知与创造的需求，优化与提升音乐区环境，实现有限空间的功能最大化，让幼儿在音乐区活动中既发展各项能力，也培养良好的学习品质。

音乐区环境创设应达到以下几个方面的要求。

（一）相对独立的区域位置，遵循动静分离的原则

音乐活动是听觉感知的艺术活动，幼儿需要以各种灵活的形式参与到表演及游戏当中，他们需要充分感受、真切体验、自由表达，因此，在创设音乐区环境时，为了避免音乐区声音过大影响其他区域的安静活动，应坚持动静分离的原则，保证环境的独立性。一般来说，音乐区都设置在教室的阳台、走廊或睡房的角落，这样既能够做到动静分离，不影响其他区域中的幼儿开展活动，又能保证区域的相对独立，让幼儿拥有自己的活动空间，幼儿能够在愉悦的氛围中开展活动，获得音乐素养和能力的发展（见图1-20）。

图1-20 独立舒适的音乐区

第一章　解读艺术区

（二）安全开放的区域空间，引发表现创作的兴趣

选定音乐区位置后，教师需要从空间营造、空间布置以及空间装饰等方面着手，为幼儿打造具有浓厚音乐氛围的区域空间。安全开放的音乐区空间不仅能够激发幼儿的音乐潜能，还能带给他们表现与创作的乐趣。

1. 空间营造符合安全方面的要求

《纲要》中明确指出："幼儿园必须把保护幼儿的生命和促进幼儿的健康放在工作的首位。"在营造音乐区空间环境时，应该考虑到空间的安全性。安全是指音乐区的天花板、地面、墙面的布置是否牢固，室内外通道是否畅通，用电是否存在危险等。天花板上用于挂放吊饰的陈列架应牢固且美观，谨防装饰物脱落或者损坏；地面应保证地板防滑、铺设消音垫；墙面应注意电源插座的位置，保证插电和断电的安全。此外，录音机、小音箱、平板电脑、移动插座等用电设备，需要有固定的地方摆放，有统一的收纳标志，并有明显的安全标志，以保证用电安全。

2. 空间布置做到整洁与舒适

整洁舒适的空间布置有利于调动幼儿探索音乐的兴趣，激发他们内在的音乐潜能。比如：在色调方面，教师可以使墙面、挂饰、柜子等物品的主体色系和谐统一，让幼儿感到舒适；在层次感方面，教师可以将音乐区中的乐器、服装、表演道具、图书等用柜子分类摆放，形成错落有致的空间感觉；在音乐区经常有一些表演类的活动，如歌舞表演、音乐剧表演等，教师可以巧妙地划出一个表演空间，利用背景或者小舞台让幼儿自娱自乐，并选择一些高低不一的小凳子或者垫子作为评委席、观众席等，让幼儿在舒适的环境中欣赏表演活动。

3. 空间装饰富有趣味性与吸引力

音乐区活动是一个审美体验的过程，幼儿在环境的作用下能够充分感受美、鉴赏美、表现美以及创造美。教师在装饰音乐区空间时可以用鲜艳的色彩，配合立体的材料，以幼儿喜爱的动物形象、音符、乐器等元素构成音乐

区的背景，也可以在音乐区悬挂一些彩条等装饰物，增添表演时舞台的现场感觉，以此提高幼儿表演的趣味性。

（三）创设良好的探究环境，助力关键经验的获得

创设良好的音乐区探究环境，能够引发幼儿积极、主动、深入地探索各类音乐活动。教师在创设环境的时候，要根据幼儿的发展水平，以及音乐领域的核心素养，科学选择与环境呼应的物品，使环境能够吸引幼儿主动探究与亲身体验。如，在音乐区摆放一些大小、花色、软硬度合适的地毯及靠枕，创设一个温馨的氛围供幼儿欣赏音乐，提升其发现美、感受美及欣赏美的能力，幼儿在良好的探究环境中倾听和分辨各种声响，用自己的方式来表达对乐曲的音色、强弱、快慢的感受，从而获得音乐领域的关键经验。

二、音乐区物品的摆放

音乐区物品与幼儿园其他区域的物品有所不同。在操作材料方面，它既有目标指向性强、操作方法比较单一、能够丰富幼儿音乐知识的高结构材料，又有能够引发幼儿多种探索行为，进行音乐游戏或表演、创作的乐器、服装、道具等低结构材料。高结构材料通常会摆放在托盘中，呈现在活动柜中；低结构材料涉及表演需要的服装、道具、乐器，有的需要挂放在衣架上，有的需要悬吊在空中，有的需要比较大的空间存放。基于以上材料的不同特点，教师在选择音乐区的活动柜、置物架、衣帽架、桌椅以及操作毯时，应遵循以下几个原则。

（一）选择适宜的活动柜

活动柜同样是音乐区的必备品。音乐区的活动柜一般用于呈现教师精心设计的高结构操作材料。为了方便幼儿取放和使用物品，也为了更好地突出

托盘内的主体材料，教师在选择活动柜时应该充分考虑幼儿身心发展的特点、音乐区的特点，科学利用活动柜空间，使其更好地为音乐区服务。

首先是安全方面，活动柜应符合国家关于教玩具的安全规定，保证安全、无毒，同时经济实用；其次是活动柜的高矮、大小等应适合大、中、小班不同年龄段幼儿的身高，保证活动柜所有的层架都在幼儿的视野范围内；最后，音乐区的每一份材料都是由几个载体构成的，因此活动柜一定要选择原木色、白色、浅蓝色等浅色系的，避免活动柜颜色过多导致幼儿眼花缭乱（见图1-21）。

图1-21　音乐区活动柜

（二）选择适宜的置物架

幼儿在音乐区进行表演活动时需要用到服饰、道具、乐器等活动材料，此类型的材料所占空间较大，为了让幼儿有更多的空间开展活动，音乐区教师会使用一些大小不同、高矮不一的置物架挂放道具及乐器等。教师在选择置物架时同样应该充分考虑幼儿身体发展的特点、音乐区材料的外形特征等。首先，置物架的高矮、大小应符合幼儿的年龄特点，教师在选购置物架时，最好能选择可自由调整高度和层板之间宽度的置物架。置物架应与幼儿的身高等高，以方便幼儿取放材料，大班的适宜高度一般为90厘米，中班的适宜高度为80厘米，小班置物架相对于大班与中班来说应该矮一些，一般高度为75厘米；其次，置物架每层层板之间的间隔要适宜，要保证有足够大的空间摆放乐器、道具等材料；最后，置物架必须以保障安全为前提，材质轻便、光滑，方便定期清洁与消毒，同时满足随时移动的需求。

(三)选择适宜的衣帽架

音乐区要提供多种多样的帽子、衣服、配饰等供幼儿表演使用,为了使音乐区环境整洁有条理,教师需要在区域中放置衣帽架。衣帽架同样应在材质、高度、轻重、便捷性方面满足以下要求:首先,衣帽架要光滑,不能有棱角,以保证幼儿使用时的安全;其次,衣帽架的高度不能超过幼儿的身高,应便于幼儿取放与整理饰物、衣服;最后,衣帽架不能太重,应轻便,方便幼儿和教师移动等(见图1-22)。

图1-22 音乐区衣帽架

(四)科学摆放各类辅助文具

除了表演时需要的物品之外,幼儿在操作高结构材料时同样需要记录自己的探究过程,例如,小班"乐器分类"、中班"名曲与国家"、大班"世界著名舞蹈"等活动,教师需要在音乐区中摆放一些文具(如铅笔、橡皮、剪刀、胶水、小夹子、小垫板等)供幼儿使用。教师需要考量材料本身的目标,幼儿的年龄特征、发展水平、学习特征等各方面的因素,科学摆放材料,对于小肌肉发展不完善以及秩序感弱的小班幼儿,教师应该尽量把活动所需的笔、胶水、剪刀等文具以及盛放垃圾的小碗都放在托盘中。考虑到小班幼儿的手握力不够,教师提供的笔应尽量粗一些,以方便幼儿抓握;胶水应为固体胶,方便幼儿控制胶的使用量;此外,剪刀必须为具有防护作用的儿童安全剪刀。

对于动手能力得到一定发展以及秩序感较强的中班幼儿,教师可以将之前放在托盘中的文具装入笔筒、小盒子,统一放在柜面上的固定位置(见图1-23),作为公用材料。另外,教师可以在小班文具基础上为中班幼儿添加卷笔刀、橡皮、手工剪刀等材料。

对于大班幼儿，基于为幼小衔接培养良好的学习习惯及收纳意识的目的，教师可以在文具中配置握笔器、橡皮、卷笔刀、学生剪刀和液体胶水等，提供的铅笔和小学使用的铅笔大小一致，并按照小学的要求对幼儿进行收拾文具的常规培养。

图 1-23　辅助用品摆放

三、音乐区中的标识

音乐区材料品种繁多，为了方便幼儿选择与取放，让幼儿在选择材料时一目了然，教师可将材料分门别类摆放，在置物架、活动柜与地面科学合理地设置不同的标识，使音乐区活动的规则蕴含在各种标识中，让音乐区的标识发挥"使物品摆放有序""合理划分不同功能区域""建立良好活动常规"的作用。

（一）置物架与活动柜

教师可以直接在置物架上贴上该类型材料的实物照片，这样幼儿在取放时就能够对照图片进行摆放，避免混乱（见图 1-24）。就音乐区活动柜标识而言，教师可以基于幼儿的年龄特点和学习能力设计不同的标识，如利用 3—6 岁幼儿直观性与具体形象性思维

图 1-24　置物架物品标识

的特点，采用音乐元素的简笔画或简单易记、容易识别的卡通画作为标识。小班幼儿已经初步掌握一些乐器的特征，教师可以用简单的中国古典乐器的简笔画作为小班音乐区的标识，如鼓、拨浪鼓、唢呐等（见图1-25）。对于中班幼儿，教师可以选用常见的西方乐器为元素设计中班音乐区标识，如吉他、钢琴、风琴等。大班幼儿在音乐知识与表演方面的经验都有了显著的增加，教师在为大班幼儿设计标识时，可以选用不同的节拍、音符、五线谱等作为题材，例如采用不同音符——全音符、二分音符、四分音符、八分音符、十六分音符等（见图1-26）。教师为音乐区合理设计出不同标识，不仅能够帮助幼儿选择材料、整齐地收放材料，同时还可以使幼儿巩固音乐认知等方面的经验，培养幼儿良好的活动常规。

图1-25　小班音乐区材料标识

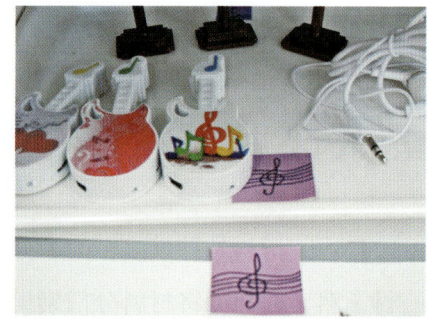

图1-26　大班音乐区材料标识

（二）地面标识

为了让幼儿在一些音乐表演活动中有足够的空间、不干扰同伴，教师可以在音乐表演区的地面上相隔一定距离错位地贴上若干小圆点或小音符的标识（见图1-27），地面标识的作用有两个：一方面可以起到限定人数的作用，幼儿在自主表演的过程中会根

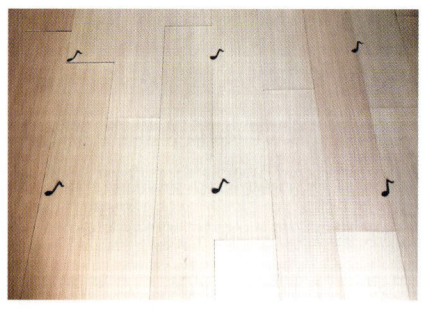

图1-27　音乐区地面标识

据地面标识的指示自行调整表演人数；另一方面可以起到控制表演者之间距离的作用，幼儿在表演时可以根据地面上的标识站位，空间感较差的幼儿可根据标识调节活动时与同伴间的距离，避免碰撞。随着幼儿年龄的增长以及其沟通能力、空间感知能力的增强，教师可以逐步去除地面标识，引导幼儿自主调节与同伴的距离，发展其空间能力。

四、音乐区材料

音乐区是教师根据幼儿园《纲要》和《指南》艺术领域中关于音乐方面的教育目标、幼儿对音乐的兴趣以及幼儿的音乐发展水平而创设的活动区域，教师有目的、有计划地创设音乐区学习环境，投放适宜的可操作性材料，幼儿在亲身体验的过程中，结合已有音乐方面的经验进行充分的探索、表达与创作，习得音乐知识，获得音乐领域的新经验，其感受及表达的需要得到满足。在音乐区中，适宜的操作材料与幼儿的学习兴趣、探究能力、音乐素养的提升有直接关系，教师要科学合理地为幼儿提供材料，支持和引导他们从原有水平向更高水平发展。

（一）音乐区材料特点

幼儿园音乐区材料丰富多样，涉及的种类也很多，如服装类、道具类、乐器类、剧本类、乐谱类、音乐播放器等。为了让丰富的材料促使幼儿积极主动地开展各类音乐活动，激发他们的音乐潜能，音乐区材料应具有以下几个特点。

1. 材料的安全性与可操作性

音乐区材料与各区域材料一样，需要满足安全方面的要求。音乐区材料的安全分为两类：一是材质安全，二是音乐素材安全。在材质方面，因为音乐区需要用到各种由木质、铁质或者废旧物品制成的乐器及表演道具，所以教师在提供这些材料时应该及时消除木刺、铁锈、边角不平整等安全方面的隐患，保证幼儿操作中的安全；在音乐素材方面，教师为幼儿挑选的音乐、幼儿表演的剧本题材等音乐素材需要符合幼儿的审美特点与需要，有益于幼儿的身体与心理的健康发展，音乐区为幼儿提供的音乐素材一般都选自经典音乐作品、童话、寓言等。

材料的可操作性指幼儿在活动的过程中，通过操作各种不同的材料，激发学习的主动性、积极性及创造性，通过与材料的互动，建构符合自身能力及水平的知识体系，从中获得个性化的发展。音乐区同样如此，教师精心为幼儿设计、投放的每一份材料都蕴含着各自的教育目标，幼儿在操作、探究材料的过程中提升相关经验，从而实现教育目标。在音乐区，除了培养幼儿音乐表现力与创造力的乐器、服装、道具等材料外，教师可增加能促进幼儿音乐素养提升的音乐知识方面的材料，以构建和巩固幼儿的音乐知识体系。以大班材料"民族舞与服饰"为例（见图1-28）：这份材料的目标设定的是了解苗族、藏族、傣族、朝鲜族、蒙古族、维吾尔族六个少数民族的服饰特点及民族舞蹈，要求幼儿先模仿各少数民族的舞蹈，然后尝试将每个民族娃娃所代表的民族以及该民族所特有的舞蹈进行配对，最后用各少数民族舞蹈的肢体语言介绍自己在本次操作中的收获。在整个过程中，幼儿需要按照步骤操作完成，也需要遵循一定的规则，音乐区高结构材料有利于幼儿在自主体验、探索的过程中逐步形成对美的感受力，其表现美、创造美的能力也会获得提高。

图1-28 民族舞与服饰

2. 材料的丰富性与层次性

美国发展心理学家加德纳的多元智能理论认为："不同个体拥有不同的优势智能领域，具有不同的工作风格。"为了满足不同学习风格幼儿的发展需求，教师可在音乐区投放丰富的材料。音乐区材料分为基本材料与辅助材料两大类：基本材料主要为活动柜中教师精心设计与开发的操作性材料，辅助材料则为乐器、服装道具、录放设备等。幼儿在操作基本材料的过程中也会涉及辅助材料，两者相辅相成，在随后的内容中统称两者为音乐区材料。

（1）材料的丰富性。

我们以大班为例（见表1-9），展示音乐区基本材料的丰富性。

表1-9 大班音乐区材料橱中的材料

层级	活动材料		
第一层	赏曲画故事	用手来歌唱	美妙的按钟
第二层	有趣的五线谱	世界著名舞蹈	
第三层	钢琴名曲与作者	弹拨琴	

辅助材料具体如下：

①供幼儿探索与操作的乐器。打击乐器——木琴、木鱼、钟琴、拍板、双响木、小鼓、大鼓、沙球、三角铁、铃鼓、响铃、锣等；吹奏乐器——竖笛、口琴、埙等；生活用品——罐子、杯子、碗、瓶子、盘子、筷子、勺子、锅盖、盆、桶等；废旧材料自制用具——易拉罐、椰子壳、奶粉罐等。

②与表演内容相关的服装道具。教师可以在音乐区投放各类表演服装（如民族服装、动物服装、卡通服装等）和装扮用品（如头饰、首饰、纱巾、披风、化妆品等），这些表演服装和装扮用品应与音乐表演的内容相关，并根据音乐区活动内容的变化进行变换与丰富。当小朋友要在音乐表演区进行各民族服饰走秀表演时，教师可以再为幼儿提供不同民族的服饰（见图1-29）。

图1-29 丰富的服装道具

③提供音乐素材文本与播放工具。为了让幼儿在音乐区顺利开展丰富多彩的活动，教师会在音乐区投放一些适合幼儿使用的歌词本、音乐剧本，并

图 1-30　使用音乐播放工具

提供一些简单、容易操作的音乐播放工具，如磁带、录音机、MP3①等（见图 1-30）。教师在投放音乐素材文本时，还应该注意内容方面的丰富性，除了投放常规的儿童歌曲以外，教师可以在音乐区中投放一些适宜幼儿欣赏的民间传统音乐、流行歌曲、爵士乐、摇滚乐等，以此拓展幼儿的音乐体验，引发幼儿更高层次的探索。

④设计音乐表演节目单与剧本。随着幼儿自主意识与能力的增强，教师可以在幼儿表演时引入节目单的概念，将每一个节目都设计成有主题的画面，并以数字排序，由幼儿自主决定节目的内容、表演顺序。如：中班初期，教师推出"叶片式节目单"，每次活动时，每个参与活动的幼儿都可以挑选一幅自己喜欢的节目图片，插入"叶片式节目单"中标有数字的位置，确定节目的表演顺序，这充分体现出教师对幼儿的尊重及幼儿学习的自主性。此外，教师还可用计算机 PPT 软件②制作剧本单，将经典的童话故事、民间传说与网络连接起来，做一个资源的"超链接"，幼儿直接用鼠标或感应笔点击播放音频或视频资源（见图 1-31）。

图 1-31　音乐表演区剧本

节目单分为独立式和组合式两种：独立式的节目单可以单独点选不同节目，同时呈现该节目的图谱等信息；组合式的节目单则提供不同节目的几种排列组合，幼儿可点选播放一整组节目。高科技在音乐区中的运用，能够帮

---

① 一种能播放音乐文件的播放器。
② 微软公司的演示文稿软件。

助幼儿获得更多音乐方面的信息，使他们从不同的角度体验音乐的魅力，在新鲜感的刺激下引发音乐学习的热情与动力。

（2）材料的层次性。

音乐区的材料种类繁多，教师在为幼儿提供材料时，一定要了解班级全体幼儿音乐方面的发展经验，尊重幼儿的个体差异，音乐区目标的制定、内容的选择、材料的设计与投放都要根据每个幼儿的认知经验、已有能力和发展水平来进行。材料的投放应体现由浅入深、由易到难的层次性。材料的层次性主要体现在不同年龄幼儿材料的层次性、同一活动不同材料的层次性以及同一区域材料的层次性。以下以音乐区"乐器演奏活动"材料投放线索为例（见表1-10），从总目标、幼儿各年龄段目标、落实目标的区域材料等方面来呈现音乐区材料的层次性。

表 1-10 "乐器演奏活动"材料投放线索

总目标	幼儿各年龄段目标	落实目标的区域材料
1. 能够辨识各种常见乐器的音色、音色变化、演奏方法等； 2. 掌握一些常见的节奏类型； 3. 能够比较熟练地运用乐器进行再现性和创造性表现。	小班： 1. 对几种常见的乐器感兴趣； 2. 能够辨识几种常见乐器，在引导下对乐器进行初步的分类； 3. 能够辨识几种常见乐器的音色。	乐器分类
	中班： 1. 对不同乐器和乐器演奏活动感兴趣； 2. 学习各种乐器的基本演奏方法； 3. 能够尝试用乐器演奏简单的歌曲。	小老鼠
	大班： 1. 乐意参与乐器演奏活动； 2. 能够按照乐谱以及一定的节奏演奏； 3. 在演奏中，能感受乐器声音的高低、强弱、快慢及节奏的变化。	美妙的按钟 弹拨琴

从表1-10中的内容可以看出，教师为了实现表格中的总目标，在投放材

料前，将音色、节奏及乐器的演奏三个目标分解为各年龄段的若干个小目标，然后根据这些小目标分别设计与投放相应的操作材料，使每一个目标都有一份或多份材料来支持。同时，随着活动的推进，幼儿的能力不断增强，教师逐步投入难度增加的新材料，幼儿在兴趣与挑战欲望被激发的同时，还充分发展主动性、表现力与创造力，从而推动更高层次目标的实现。

3. 材料的逻辑性与引导性

音乐区所有的材料是教师经过缜密思考后形成的一个极具逻辑性的"学习系统"，整个系统具备明确的目标线索。音乐区的教育目标是通过每一份材料的目标来逐步实现的。具体而言，音乐区幼儿的学习目标从纵向分为总目标、各年龄阶段目标、音乐区活动目标三个层级，从横向则分为不同种类活动——歌唱、韵律、乐器演奏、欣赏等具体分目标。

根据幼儿的不同需求将最适宜幼儿操作的材料投放到音乐区中，实现材料以及活动的逻辑性，可帮助幼儿建构系统的音乐认知方面的经验。

音乐区材料不仅具有逻辑性，还具有引导性。"材料是幼儿的另一位老师"，为了让幼儿通过与材料互动实现教育目标，教师在设计与开发材料时，首先需要有明确的教育目标，再充分考虑班级幼儿的发展水平、音乐区材料之间的逻辑线索，在设计材料时将指导融入材料中，让材料本身蕴含引导性。

当材料自身具备引导性后，教师不需要过多的言语去打扰幼儿的探索，只要在设计材料时将活动中显性的"指导"内化在材料中，让幼儿在材料的引导下完成探索，积累经验，最终获得能力等各方面的提升。以中班音乐区材料"名曲与国家"为例（见图1-32），操作这份材料时，幼儿首先需要将国旗背面的国家名称和国家建筑进行匹配，并将国旗插在相对应的国家的建筑上，然后还要将材料中的世界名曲与国家匹

图1-32　材料的引导性

配，幼儿在操作中会发现同一个国家的建筑、国家的国旗以及该国家名曲的曲名文字卡采用了同样颜色的底板，那么同色底板便是这份材料隐含的操作引导，能够帮助幼儿自主完成操作，具有引导性与纠错性。

4. 材料的趣味性与审美性

音乐区材料应具备趣味性与审美性。在趣味性方面，教师可为幼儿选择可爱的长颈鹿、企鹅造型的乐器架摆放乐器，选用卡通造型的小音箱播放音乐，用火车造型的收纳箱摆放道具，各种丰富的卡通形象能够充分激发幼儿与之互动的兴趣。在审美性方面，教师为了提高幼儿的审美能力，通常会提供一些悬挂珠帘、帷幔、有琴键图案的地毯、五线谱及大的音符图片让幼儿自主布置舞台，提供各种造型的花串、彩色丝带、帽子、假发等装饰品供幼儿打扮。在幼儿利用这些材料自主布置环境、自我装饰的过程中，其审美能力获得了提升。

5. 材料的现代化、国际化与本土化

除了以上特点之外，音乐区材料还需要实现现代化、国际化与本土化。现代化指向的是音乐区材料所涉及的设备，而国际化与本土化则针对音乐区材料的内容。

现代科技的发达让幼儿音乐区活动更加丰富，在播放设备方面，教师除了保留录音机这一材料，还投入儿童 MP3、平板电脑、手机等现代设备供幼儿欣赏音乐、录制表演视频等（见图1-33），因此音乐区的材料与其他区域材料相比具有更强的现代化科技色彩。例如，小班"唱吧！唱吧！"、中班"芭蕾手位小书"（见图1-34）与大班"赏曲画故事"（见图1-35）等材料中均有播放器、平板电脑、手机等设备。

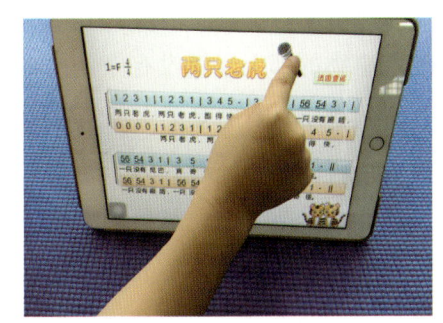

图 1-33　用平板电脑操作材料

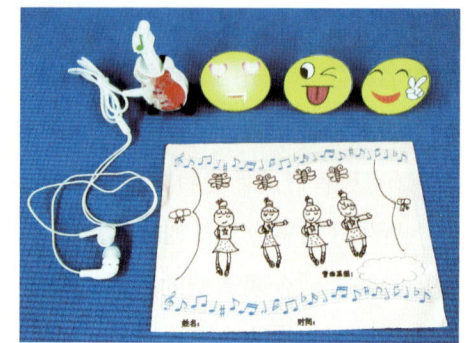

图 1-34　中班材料"芭蕾手位小书"　　　图 1-35　大班材料"赏曲画故事"

音乐区的材料内容中还融汇了世界各国著名的音乐作品以及各式各样的西方乐器，如小班"乐器分类"、中班"名曲与国家"、大班"钢琴名曲与作者"材料等，让幼儿在了解、体验不同音乐的同时，感受与发现世界多元的文化。同时，教师还深入挖掘中国传统的乐器、音乐、舞蹈，并将其融入音乐区材料设计中，如大班"民族舞与服饰"等材料让幼儿感受本土文化的特色与博大精深。国际化与本土化材料有利于幼儿园培养"最具中国特色的国际人及最具国际特色的中国人"。

（二）音乐区材料投放

虞永平教授曾指出："幼儿从小就具有一种材料寻觅取向，幼儿从能看清周围事物的那天起就没有停止过对周围物质材料的寻觅，他们正是在与不断丰富的物质材料的互动中不断发展的。"[①] 对于教师来说，材料是教育目标和教育内容的物化体现；对于幼儿来说，材料是主动建构经验和认识周围世界的中介和桥梁。材料不仅是区域活动开展的前提，是幼儿区域活动操作的对象，是幼儿学习与发展的媒介，也是教师有意图的载体，还是师幼互动的重要中介。在音乐区材料的投放中，教师需要对材料设计、材料投放、材料呈现、材料调整等几方面进行综合考虑，有目的、有计划地设计与投放适宜的

---

① 叶屏屏. 幼儿园音乐区活动材料现状研究［D］. 南京：南京师范大学，2016.

材料，随着幼儿的兴趣变化、能力提升，及时科学地调整材料，最大限度地提高材料的价值，让材料促进幼儿的可持续发展。

1. 根据音乐发展规律与幼儿的兴趣设计出适宜的活动材料

（1）符合音乐发展规律。

幼儿音乐领域的发展主要体现在歌唱、韵律、乐器演奏与欣赏几个方面，每个方面都存在一定的规律性。例如，在欣赏方面需要经历三个阶段的发展：第一个阶段，喜欢倾听不同的音乐或观看不同形式的舞蹈表演；第二个阶段，欣赏作品时会产生相应的联想和情绪反应；第三个阶段，愿意和别人分享、交流自己喜爱的音乐、舞蹈作品及美感体验。教师在挖掘与设计"欣赏"的材料时，不仅要整合这一方面的内容与元素，更为重要的是，要遵循幼儿在"欣赏"方面的发展规律，使材料符合幼儿的发展规律。又如"歌唱"，对于3—4岁幼儿，宜选用一些结构短小、内容简单、节奏比较稳定的音乐作品，最好配有简短的歌词，可以让幼儿在说说唱唱、做做玩玩中提高对音乐区活动的兴趣。对于4—5岁幼儿，可鼓励他们推荐自己熟悉的、感兴趣的音乐作品。对于5—6岁幼儿，可引导他们关注多元化的材料与内容，满足幼儿创造、表达的需要——引入民族舞资源，利用一次性纸杯、木饭勺、铁锅铲、平底锅等生活用品作为打击乐演奏材料等。这些材料的投放，都充分尊重了幼儿音乐方面的发展规律，提高了材料的价值。

（2）设计引发兴趣的情境性材料。

为了增强幼儿对音乐区探索的兴趣，教师应该设计富有情境的材料，以便幼儿更乐于探索，更好地理解材料中蕴含的音乐知识。如小班音乐区材料"听曲摆图谱"（见图1-36），为了让幼儿感受到歌曲的趣味性以及鸡蛋的数量变化，教师直接将歌曲内容设计成立体的母鸡孵蛋的图谱，供幼儿操作。歌曲

图1-36　小班材料"听曲摆图谱"

内容的直接呈现，能够给幼儿带来感官的刺激，提高幼儿探索的趣味性和材料本身对幼儿的吸引力。

2. 结合《纲要》与《指南》的精神科学地投放材料

《指南》与《纲要》是当前我国幼儿园开展各类教育活动的重要依据，教师在投放音乐区材料之前要厘清《纲要》与《指南》对幼儿音乐领域发展提出的标准及实施音乐教育活动的内容与要求，系统地制定幼儿园音乐区目标体系，依据目标设置音乐区材料内容，并科学地投放音乐区操作材料。在实际操作中，我们将音乐区的活动内容分为歌唱、韵律、乐器演奏和欣赏四个体系，并在每个体系中渗透相应的《指南》与《纲要》要求，综合考虑班级幼儿的整体需要与每个幼儿的实际需要，设计出适宜的可操作性材料投放到音乐区中，以支持这四个体系目标的实现。

3. 依照活动内容合理分类与呈现材料

教师将音乐区材料投放至区域，不能只是随意地摆放材料，而要根据音乐活动的内容与材料的线索合理分类并呈现材料。教师需要将同一类型的材料集中摆放在一起，在摆放时，要有目的地分清材料的层次，由低到高逐一呈现，使材料在活动柜中有一条隐形的线索。例如，一位教师在音乐区的某一活动柜投放了有关乐器演奏的系列材料，从左到右依次为"中西乐器""美妙的按钟"等，难度递增。这样的投放方式既能保证音乐区材料摆放清晰，便于幼儿根据自己的发展情况选择材料，也便于教师观察幼儿，及时发现幼儿的需求并分析幼儿的发展。

4. 根据幼儿的发展与需要及时调整材料

幼儿的发展具有阶段性，"木桶理论"启示我们，每个幼儿的发展水平不是整齐划一的，不同的幼儿有着不同的兴趣、爱好和个性，同龄的幼儿之间也存在能力上的差异，而且发展速度也不一样。因此音乐区材料投放不能整齐划一、采用同一模式，教师应该根据材料的特性、设计原则以及幼儿的发展需要，有目的、有计划地投放材料，并根据幼儿的发展变化、兴趣转移、新的需求等及时地调整材料，使幼儿在音乐区活动中获得持续性的发展。

第一章 解读艺术区

（1）调整原因。

材料是幼儿在区域活动中建立知识体系的中介，教师在音乐区中投放的材料直接影响着幼儿的发展水平。幼儿如破土的新芽，每天都在变化、发展，幼儿的发展与变化是教师对材料进行调整的主要原因，同时幼儿园里的主题活动、大型活动等外在刺激都会作用于幼儿、影响区域活动，因此教师需要根据情况对音乐区的材料进行调整，以提高幼儿在音乐区活动的有效性。

①幼儿兴趣点的变化。

兴趣是学习的第一位老师，是幼儿主动积极探索的动力。对于音乐区材料的调整，首先应该充分考虑幼儿对材料的兴趣是否发生了变化。幼儿在选择区域材料时，通常存在两种情况：一是班级幼儿在某一时间段集中对某类材料有浓厚的兴趣，都愿意选择这类材料进行探索，这类材料可能是同一内容的，也可能是操作方式相同的；二是幼儿对教师新投放的材料产生了兴趣，但随着操作次数、熟练度的增加，幼儿对材料渐渐失去兴趣。教师在调整材料前，需要对幼儿在音乐区中的表现进行分析，寻找幼儿兴趣缺失或者引发幼儿兴趣的真正原因，根据分析结果及时调整材料，提升材料对幼儿的吸引力。

②幼儿发展水平的变化。

幼儿发展水平是教师设计与投放音乐区材料的重要参考标准，当班级幼儿的发展水平发生变化时，教师应该对音乐区材料做出调整。

第一，班级幼儿发展水平的变化。幼儿的发展是一个持续、渐进的过程，不同年龄段幼儿的发展会呈现出不同的特点。低于幼儿音乐发展水平的材料长期摆放在音乐区，无法激发幼儿的兴趣与挑战心理；而高于幼儿音乐发展水平的材料则会增强幼儿在探究中的挫折感。教师需要在活动中不断观察并发现班级幼儿的整体水平，依据班级幼儿整体音乐发展水平及时调整材料，让幼儿在"最近发展区"中学习。

第二，个别幼儿发展水平的变化。《指南》"说明"中指出："每个幼儿在沿着相似进程发展的过程中，各自的发展速度和到达某一水平的时间不完全相同。要充分理解和尊重幼儿发展进程中的个别差异，支持和引导他们从原有水平向更高水平发展。"教师在衡量音乐区材料的适宜性时，同样要关注每个幼儿的发展水平、学习节奏等，让材料能科学地支持每个幼儿的差异化发展。

③幼儿需求的变化。

随着幼儿经验的积累、兴趣的转变等，幼儿在区域活动中的需求也发生了变化，这种变化可能是集体性的共同需求变化，可能是某个幼儿的个性化需求变化，当音乐区材料无法满足幼儿这些新的需求变化时，教师需要根据情况进行相应调整。

第一，班级产生了集体性需求。班级幼儿年龄的增长或某一主题的产生、偶发事件或社会热点等都会引发幼儿新的集体性需求，这些需求有可能会影响幼儿对音乐区活动材料的新需要，如：当地某音乐家获奖，媒体宣传造成的影响；幼儿园园歌的产生对幼儿的影响等。这些影响都会使幼儿产生新变化与新需求，教师要敏锐地把握时机，对音乐区材料进行调整，在音乐区投放相关的、一定数量的、有层次的材料来满足幼儿的需要。

第二，幼儿产生了个性化需求。所谓个性化需求是指班级中的少数或个别幼儿因某种原因而产生的需求。当班级中的幼儿出现个性化需求后，教师应判断这种个性化需求是否会在后续发展中成为群体的共同需求：如果会，那么教师应该将这份材料列入音乐区材料体系中，成为班级幼儿后续发展的目标之一；而如果这个需求只是这个幼儿特别的发展需求，教师在投放材料或工具时就应该考虑将该材料投放到特别研究区，单独满足该幼儿的需求。

④活动的变化。

主题活动、区域活动、节日活动等都是幼儿园活动，这些活动不应该是割裂的。教师应该将这些活动的开展与区域材料的投放联系起来，形成网络，使幼儿的知识经验在原有的基础上不断扩大和深化，让幼儿获得完整的经验。教师需要根据一些主题活动、大型节日活动等的变化对音乐区材料进行调整。

（2）调整策略。

第一章　解读艺术区

　　在音乐区材料的调整上，教师可以进行随机性个别调整，季节性、活动性局部调整和阶段性分批调整，要有针对性地选择最适宜的方法，同时可在材料投放记录表中详细记录材料调整情况（见表1-11）。

表 1-11　幼儿音乐区材料投放记录表

记录教师：	
材料名称：	
材料照片：	
所属区域：	
投入日期：	
投入原因：	
幼儿与材料互动的情况：	
撤出日期：	
撤出原因：	
材料优点：	
材料不足：	
后期改进：	

①随机性个别调整。

教师根据个别幼儿的发展水平、需求、兴趣而对个别材料进行随机调整的方式为随机性个别调整。随机性个别调整的原因各不相同，因此在这个过程中，教师对个别幼儿的发展水平、需求和兴趣的挖掘是非常重要的。例如：在中班，教师发现个别幼儿对节奏、音节等知识掌握得牢固，同时对"小老鼠"这份材料中的音阶铁琴演奏熟练，那么教师就可以投放三个音、五个音的乐曲及2/4拍、3/4拍、4/4拍的乐曲图谱，让个别幼儿体验较为复杂的音阶的弹奏方法及感受不同节奏的乐曲。某大班幼儿的母亲在钢琴演奏、声乐等方面特别出色，因此该幼儿在音乐领域的发展明显优于班级中的其他幼儿，初进大班时就对乐曲创编产生了浓厚的兴趣。针对幼儿的这一情况，教师在大班材料"美妙的按钟"的基础上为该幼儿提供录音设备，鼓励其将自己利用按钟创编的乐曲记录下来，并与同伴共同欣赏。这种随机性个别调整，不仅尊重了幼儿的个体需求，同时也提升了幼儿个体的音乐素养与创造力。

②季节性、活动性局部调整。

对材料的局部调整有两种情况：一是由于季节的变更，二是由于活动的变化。季节与活动的变化都会引起幼儿集体性需求的变化，因此教师需要对音乐区材料进行相应的调整与改进。例如：中秋节要到了，幼儿园要举办共庆中秋节的大型活动，教师可以在音乐区投放《但愿人长久》《十五的月亮》等与中秋节相关的音乐供幼儿欣赏，在音乐表演区投放"嫦娥奔月""玉兔捣药"等与中秋节相关的小剧本供幼儿表演等；圣诞节要到了，教师可以在音乐表演区投放圣诞节的衣物和饰品供幼儿装扮，并下载与圣诞节相关的音乐，供幼儿欣赏并随着音乐做简单的舞蹈动作等。

③阶段性分批调整。

针对班级幼儿整体发展水平的变化，教师对音乐区材料进行的局部或整体阶段性分批调整，多出现于学期衔接阶段。如乐器演奏材料，对于小班幼儿，教师投放了"乐器分类"等许多认识乐器的材料，让幼儿了解常见的几类乐器并尝试进行分类。到了中班，随着幼儿音乐经验的增加，教师逐步减少幼儿已掌握的材料,进而分批投放了许多乐器演奏类材料(如"小老鼠"等乐器演奏类材料),幼儿可对照简单的乐谱去感受乐器的演奏方式,从而提升幼儿对音乐的感受与表现能力。又如,在中班初期,教师只是在音乐区中的音乐播放器中下载 2/4 拍节奏的音乐供幼儿欣赏、倾听,随着全班幼儿节奏方面的整体提升,教师就可以使用分阶段调整的方式提供更多不同节奏的音乐供幼儿欣赏。

同样,音乐区的三种区域材料调整并非按照顺序或者单独进行,更多的时候教师要根据自己在音乐区中的观察,根据幼儿开展活动时的具体情况灵活使用调整策略,让材料的教育功能不断扩大并提升材料的有效性。

(三)音乐区材料预览

在音乐区材料预览表(见表 1-12)中,我们以幼儿的年龄特征、音乐认知经验为基准,以《指南》提出的音乐领域要求制定出适合小、中、大班不同年龄段的活动目标,以歌唱活动、韵律活动、乐器演奏活动与音乐欣赏活动为基本内容,根据目标和内容设计出可供幼儿操作的材料,让幼儿通过自主探索获得音乐方面的有关经验,实现自主性的发展与提高。

表 1-12 音乐区材料预览表

班级 序号	小班	中班	大班
1	听曲摆图谱	听声音找乐器	赏曲画故事
2	唱吧!唱吧!	名曲与国家	用手来歌唱
3	乐器分类	芭蕾手位小书	世界著名舞蹈
4		小老鼠	美妙的按钟
5		中西乐器	弹拨琴

续表

班级 序号	小班	中班	大班
6		音乐家与国家	有趣的五线谱
7			钢琴名曲与作者
8			

第二章
艺术区材料案例

深圳市莲花二村幼儿园在十几年园本区域课程探索过程中积累了大量的区域材料和操作案例，这些资料是在园本课程体系化的基础上，教师根据幼儿的发展与需求设计、制作和撰写的经典区域活动材料和操作案例。我园在2014年出版的《幼儿园区域活动——环境创设与活动设计方法》一书中，曾对各区域的材料设计、投放以及区域活动的开展进行了详细而全面的介绍。下面，我们将针对艺术区的美术和音乐两个方面，梳理和优选出我们在本土化教学实践中积累的艺术区特色材料，介绍小、中、大班三个不同年龄段艺术区的材料体系，并详细地解析材料设计思路，设置活动材料导航，提供实物照片和操作方法，为开展区域活动提供可实际操作的材料蓝本。

第二章 艺术区材料案例

第一节 美术区

本节介绍的美术区材料，是深圳市莲花二村幼儿园借鉴西方优秀的课程理念及课程模式，在十多年园本区域课程建构过程中，为落实《纲要》与《指南》的要求，实现区域课程全面园本化、本土化而设计和制作的。有关这些材料设计和制作的相关理论，《幼儿园区域活动——环境创设与活动设计方法》一书已进行了详细而全面的介绍。在本节中，我们将更多地为读者提供适合小、中、大班幼儿操作的美术区材料及活动实例，从设计思路、材料导航、具体实物照片和操作方法等方面，对每一份材料进行详细的解析。希望这些介绍能为幼儿园开展美术区活动提供可实际操作的材料蓝本。

一、小班美术区

对于小班美术区，我们选取了深圳市莲花二村幼儿园17年区域探索成果的精华，荟萃了我园在园本化、本土化材料设计和制作中的优秀案例，向读者展示教师如何基于小班幼儿的年龄特点与发展，开发、投放适宜的美术材料，引导幼儿开展美术区活动，从而培养幼儿的美术素养。

（一）小班美术区设计思路

小班美术区活动设计及材料投放要与幼儿的生活紧密联系，从生活与自然中挖掘内容，从而激发幼儿参与绘画、手工与美术欣赏活动的兴趣，并初步感受生活、环境和艺术中的美。例如，教师可以将幼儿常见的、横切面形状较为特别的蔬菜做成印章，以引起幼儿的兴趣，并鼓励幼儿尝试用不同的蔬菜和颜色在纸袋上印画。这种贴近生活与自然的美术区活动能够激发幼儿在生活与自然中寻找美，让幼儿觉得美无处不在，同时也能够丰富幼儿的审美经验，促进幼儿创造能力的发展。

（二）小班美术区活动导航

通过小班美术区活动导航图（见图2-1）可以看出，教师为小班幼儿选择和提供的材料以贴近幼儿生活的元素为主，引导幼儿与材料的互动，用点、贴、印等多种方式进行简单的点、线以及色彩的探索，从而培养幼儿对美术的兴趣并了解基本的美术知识及技能。

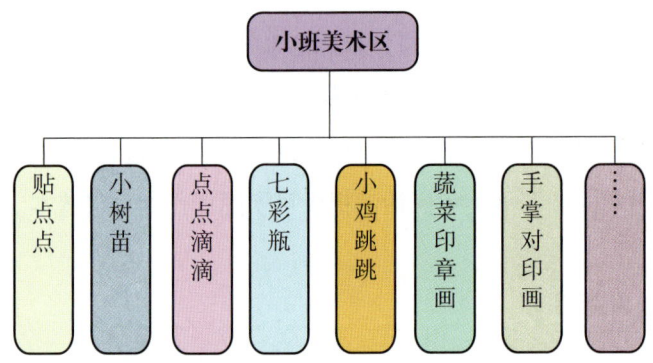

图2-1 小班美术区活动导航图

（三）小班美术区材料案例

案例2-1

（1）活动名称：贴点点。

（2）活动目标：

①激发对不同色彩、大小的圆形任意组合的探索愿望。

②尝试运用撕贴的方法将各色圆点装饰在圆柱体花瓶上。

③提升对色彩的认知以及搭配的能力。

（3）材料解读：

①选用大小适中的纯白色圆柱体花瓶以突出造型效果。

②选择容易撕贴、颜色鲜艳的不干胶点点更能引起幼儿探究的兴趣。

（4）材料构成（见图2-2）：

①红、橙、蓝、绿等不同颜色的不干胶圆点。

②白色圆柱体花瓶。

③花边筐，小熊竹篮。

图2-2 材料构成

（5）操作步骤：

①双手轻轻取出白色花瓶，观察和感受花瓶的外形特征（见图2-3）。

图2-3 取出花瓶，观察外形

②将各色圆点逐一取出并摆放在操作毯上（见图2-4）。

图2-4 取出圆点摆放

③选择喜欢的颜色的圆点贴纸，将其轻轻撕下（见图2-5）。

图2-5 选好颜色，撕下点点

图 2-6　将彩色圆点贴在花瓶上

④将撕下的彩色圆点粘贴到白色花瓶上,粘贴完后用手指压紧(见图 2-6)。

图 2-7　按照喜好装饰花瓶

⑤转动花瓶,在花瓶空白的地方按自己的喜好贴上不同颜色、不同大小的点点(见图 2-7)。

图 2-8　大小点点创意造型

⑥尝试将小点点粘贴到大点点上面,完成创意造型(见图 2-8)。

图 2-9　欣赏花瓶

⑦按喜好将花瓶贴满点点后欣赏作品(见图 2-9)。

（6）适宜年龄：3—4 岁。

（7）注意事项：教师要注意引导幼儿贴完一个面，再旋转到空白面粘贴。

（8）变化延伸：

①可以换方形、三角形等不同几何图形粘贴。

②幼儿熟悉操作方法后，可同时用多种几何图形进行创意粘贴。

（9）活动反思：

①本活动为了帮助小班幼儿提高对颜色的认知以及发展小肌肉动作的灵活性，利用熟悉的彩色贴纸和简单的白色花瓶设计出这份材料，幼儿在活动中可以自由发挥自己的想象装饰花瓶。

②有的幼儿在撕不干胶圆点时存在困难，教师应及时进行示范，并鼓励幼儿多加练习，同时为其更换比较容易撕贴的不干胶贴纸。另外，教师还应鼓励幼儿尝试用不同的颜色装饰花瓶，感受"同一种颜色粘贴花瓶单调，不同颜色组合在一起粘贴色彩丰富"。

③教师要鼓励操作顺利的幼儿用多种颜色、大小不同、形状各异的图形进行创意造型，感知色彩及大小等差异组合的不同艺术效果。

案例 2-2

（1）活动名称：小树苗。

（2）活动目标：

①萌发大胆运用彩色颜料进行手指点画的愿望。

②了解手指点画的基本方法。

③感受手指点画中玩色及创作的乐趣。

（3）材料解读：

①巧妙地将一次性纸碟作为树的背景，既能发挥其装饰功能，又能有效控制手指点画的范围。

②选择口径与幼儿手指大小相当的颜料盒，以控制颜料用量。

图 2-10　材料构成

（4）材料构成（见图 2-10）：
①画好树干的一次性纸碟。
②连排带盖的 6 色颜料盒。
③托盘，毛巾。

图 2-11　逐一打开颜料盒盖子

（5）操作步骤：
①取出颜料盒摆放在操作毯上，逐一打开颜料盒的小盖子（见图 2-11）。

图 2-12　取出碟子，观察画面

②取出碟子，观察画面（见图 2-12）。

图 2-13　选择颜色点画

③选择喜欢的颜色，用食指蘸上颜料在树枝上点画（见图 2-13）。

第二章　艺术区材料案例

④用毛巾将手指上的颜料擦干净（见图 2-14）。

图 2-14　擦净手指上的颜料

⑤更换颜色，继续点画（见图 2-15）。

图 2-15　更换颜色，继续点画

⑥采用上述方法更换不同颜色进行手指点画，完成对小树的装饰（见图 2-16）。

图 2-16　运用更多颜色装饰

⑦整理材料，欣赏作品（见图 2-17）。

图 2-17　欣赏作品

（6）适宜年龄：3—4岁。

（7）注意事项：教师要提醒幼儿在变换颜色时将手指擦干净，以免颜色混杂。

（8）变化延伸：

①可以更换成其他主题（如小蝌蚪、梅花、梨花等）。

②可以适当增加辅助材料，以供创作和添画。

（9）活动反思：

①小班幼儿非常喜欢玩颜色的活动，教师为幼儿提供的半成品材料能够引发他们积极操作和主动探究手指点画的奥秘。

②有一部分幼儿在操作中只用了一种颜料作画，画面色彩单一，教师应及时鼓励幼儿更换不同的颜色点画，同时还需提醒幼儿每用完一种颜色都要用毛巾把手指擦干净，避免颜色混杂。

③活动结束后，因涉及的辅助材料较多，教师应提醒幼儿逐一整理并放回原处，培养幼儿良好的收纳习惯。

案例2-3

（1）活动名称：点点滴滴。

（2）活动目标：

①感受墨汁在水中流动的形态，对水墨滴画感兴趣。

②尝试用滴墨印画的方式创作作品，懂得滴墨的方法。

③增强动手操作能力及美术欣赏能力。

（3）材料解读：

①用吸管吸取墨汁并滴在水中，以吸引幼儿的兴趣。

②用白色的小托盘装水，墨汁滴入后视觉效果明显，幼儿更容易观察和欣赏墨汁的形态。

（4）材料构成（见图2-18）：
①墨，砚台，托盘，滴管，宣纸。
②毛巾，水杯。

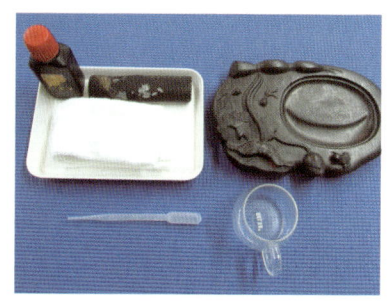

图 2-18　材料构成

（5）操作步骤：
①拿出砚台，倒入一点水，在砚台中研墨（见图2-19）。

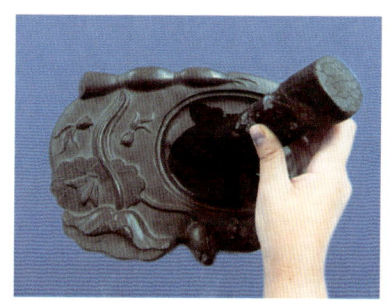

图 2-19　研墨

②用水杯接少量清水（见图2-20）。

图 2-20　用水杯接水

③将清水倒入托盘，到托盘的水位线位置（见图2-21）。

图 2-21　清水倒至水位线

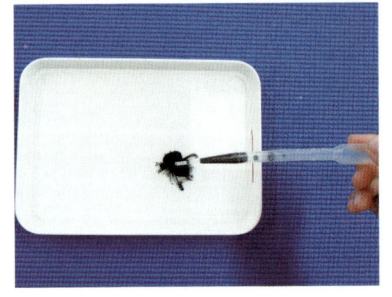

图 2-22　把墨汁滴在水面上

④用滴管吸取墨汁并在水面上滴 2 次（见图 2-22）。

图 2-23　拨开墨汁使之流动

⑤用滴管将墨汁轻轻拨开，使墨汁流动，注意不能搅匀（见图 2-23）。

图 2-24　放入宣纸印染

⑥将宣纸放入水面 3 秒，印染水墨（见图 2-24）。

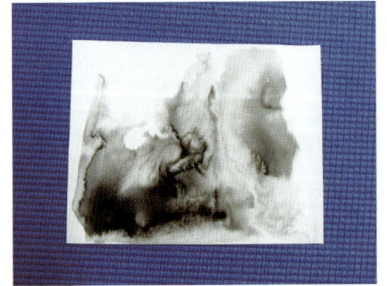

图 2-25　晾干印染好的水墨画

⑦从水中拿起印染好水墨的宣纸，放在操作毯上晾干后，作品完成（见图 2-25）。

(6) 适宜年龄：3—4 岁。

(7) 注意事项：

①印染墨汁的宣纸需事先裁好，跟托盘一样大小。

②建议使用 A5 纸（148 毫米 ×210 毫米）大小的托盘，更便于幼儿操作。

③需给幼儿提供毛巾，如操作过程中有水溅出可及时擦干或用来擦手。

(8) 变化延伸：

①可滴入彩墨做成彩色水墨印画，也可把画印染在手绢、衣服上。

②可以用彩色卡纸做背景，将印好的水墨画贴在上面，供大家欣赏。

(9) 活动反思：

①这份材料主要是让幼儿通过在水中滴墨，感受墨汁的不同形态，为日后的水墨绘画打好基础。

②在幼儿操作材料之前，教师应先引导幼儿欣赏一些不同风格的国画，了解中国水墨文化的特点——浓淡搭配、要有留白，等等，让幼儿对水墨画有一定的认识。

③在幼儿的操作过程中，教师要注意引导幼儿，滴入的墨汁不要太多，不要搅匀，要疏密分布。

案例 2-4

(1) 活动名称：七彩瓶。

(2) 活动目标：

①乐意动手装饰玻璃瓶，享受创意泥工的乐趣。

②尝试根据瓶子的不同形状进行装饰。

③提高对色彩的辨识及搭配能力。

(3) 材料解读：

①选用色彩鲜艳的超轻黏土，以引起幼儿的兴趣。

②装饰好的玻璃瓶作品亦可作为水养植物花瓶展示在班级或家庭中。

图 2-26 材料构成

（4）材料构成（见图 2-26）：
①彩色黏土，托盘，小喷壶。
②玻璃瓶，灯珠。

图 2-27 取出黏土

（5）操作步骤：
①从托盘中取出需要的黏土（见图 2-27）。

图 2-28 挑选瓶子，构思图案

②在美术区挑选一个喜欢的瓶子，观察瓶子的外形，构思装饰图案（见图 2-28）。

图 2-29 在瓶身上添加条纹

③取出适量橙色黏土，双手合十，用手心将黏土搓成条状，装饰瓶子凸起的部分（见图 2-29）。

④用拇指和食指将白色黏土搓成球形，装饰在两条橙色黏土的中间（见图2-30）。

图 2-30　条纹之间添加圆点

⑤转动玻璃瓶，在空白处用白色和橙色条状黏土组合出向日葵的造型（见图2-31）。

图 2-31　转动瓶身，继续造型

⑥在公共物品中选择一个喜欢的灯珠，打开灯珠放到装饰好的瓶子里（见图2-32）。

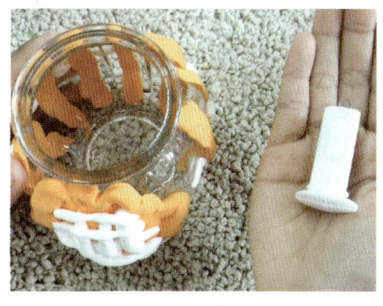

图 2-32　放进灯珠

⑦将制作好的会发光的彩色瓶子放在美术区展示（见图2-33）。

图 2-33　展示作品

（6）适宜年龄：3—4岁。

（7）注意事项：用完黏土后，提醒幼儿先用小喷壶喷一些水在黏土表面以保持湿润，再用盖子密封。

（8）变化延伸：

①当幼儿掌握基本的团圆、搓条的技能后，可以尝试用更多的方法装饰瓶子。

②可以尝试将两种单色黏土混合，形成多色黏土，再进行装饰。

③可以尝试在纸盒、铁盒等不同材质的物品上用此方法进行装饰。

（9）活动反思：

①因为小班幼儿的手指灵活性不够，教师设计此操作材料旨在让幼儿通过装饰七彩瓶掌握团、搓等基本的泥工技能，同时在操作中融入巧妙的灯珠设计，充分调动幼儿的好奇心和探索欲望。

②有的幼儿在操作中取放黏土过多或者过少，不能使黏土装饰完全覆盖瓶身凸起处，教师应适时介入，并提出建议，与幼儿共同完成操作。

案例 2-5

（1）活动名称：小鸡跳跳。

（2）活动目标：

①愿意用黏土装饰小鸡，体验动手操作的快乐。

②尝试用不同的泥工方法装饰小鸡模型。

③增强手部小肌肉力量和手指的灵活性。

（3）材料解读：

①提供各色漂亮的超轻黏土以满足幼儿创作的需求。

②富有童趣的小鸡模型能够引起幼儿的兴趣。

第二章 艺术区材料案例

（4）材料构成（见图2-34）：
①彩色黏土，小鸡模型。
②托盘，小喷壶。

图 2-34 材料构成

（5）操作步骤：
①观察托盘中的黏土颜色，从托盘中取出所需黏土（见图2-35）。

图 2-35 选择所需黏土颜色

②取出适量的黏土（见图2-36）。

图 2-36 取出适量黏土

③用搓揉团圆的方法，将黏土团在一起（见图2-37）。

图 2-37 将黏土团在一起

图 2-38　拿出小鸡模型

④在美术区公用物品中选出小鸡模型（见图 2-38）。

图 2-39　给小鸡添绒毛

⑤将黏土均匀地粘贴到小鸡的身体上，保证每个地方都粘到，作为小鸡的绒毛（见图 2-39）。

图 2-40　平顺小鸡绒毛

⑥用压板将不平整的黏土压平，使小鸡的绒毛看起来柔顺一些（见图 2-40）。

图 2-41　添眼睛和嘴巴

⑦在公共物品区选择装饰物，给小鸡添上眼睛和嘴巴（见图 2-41）。

（6）适宜年龄：3—4岁。

（7）注意事项：用完黏土后，提醒幼儿先用小喷壶喷一些水在黏土表面以保持湿润，再用盖子密封。

（8）变化延伸：

①可以用红色黏土为小鸡增加鸡冠造型。

②可以在公共物品区选择小青蛙、小鸟等动物，用其他彩色黏土为模型造型。

（9）活动反思：

①有的幼儿在装饰小鸡的过程中，不能很好地把握小鸡每个部位的黏土均匀度以及全覆盖，需要教师及时介入和指导。

②由于小班幼儿的空间感还不强，装饰好小鸡绒毛后，他们就找不到嘴巴和眼睛的位置了，在后续的操作中可以调整顺序，先拼装好眼睛、嘴巴，再把黏土均匀地覆盖在小鸡身上。

案例 2-6

（1）活动名称：蔬菜印章画。

（2）活动目标：

①萌发用各种蔬菜印章来装饰纸袋的愿望。

②了解利用蔬菜的特殊纹路制作印章画的方法。

③提高对不同颜色和印章图形的辨识能力。

（3）材料解读：

①选用横切面形状特别的蔬菜做印章，以充分引发幼儿操作的兴趣。

②提供幼儿熟悉的颜料颜色，以符合小班幼儿的认知特点。

图 2-42 材料构成

（4）材料构成（见图 2-42）：

①横切的莲藕、丝瓜、大白菜、蒜等食材。

②无图案纸袋，毛刷笔，彩色颜料。

③托盘，竹筐，调色盘。

图 2-43 观察蔬菜切面

（5）操作步骤：

①逐一观察各种横切后的蔬菜，发现它们之间的不同（见图 2-43）。

图 2-44 取出颜料并摆好笔

②打开颜料瓶的盖子，并将毛刷笔放入颜料瓶中（见图 2-44）。

图 2-45 制作蔬菜印章

③用毛刷笔从颜料瓶中取出少量颜料放入调色盘中调匀，选择一种喜欢的蔬菜，将横切面蘸满颜料后制成蔬菜印章（见图 2-45）。

第二章 艺术区材料案例

④取出纸袋,将蘸满颜料的蔬菜盖在纸袋空白处(见图2-46)。

图2-46 在纸袋上印蔬菜画

⑤按照自己的喜好选择另一种蔬菜,用同样的方法制成印章,然后在纸袋上印画(见图2-47)。

图2-47 换蔬菜印画

⑥找一找还有哪种颜料和蔬菜没有用过,按上述方法完成对纸袋的装饰(见图2-48)。

图2-48 完成所有蔬菜印画

⑦晾干装饰好的纸袋,欣赏作品(见图2-49)。

图2-49 欣赏作品

（6）适宜年龄：3—4岁。

（7）注意事项：教师要提醒幼儿把颜色调匀、蔬菜蘸满颜料再印画。

（8）变化延伸：

①可以换洋葱、胡萝卜、上海青等不同品种的蔬菜做印章画。

②可以选用同一色系中深浅不同的颜色来装饰袋子。

（9）活动反思：

①小班幼儿的手掌比较小，需要选择一些大小适宜的蔬菜，方便幼儿抓握。

②在幼儿的操作过程中，教师要注意提醒幼儿先在调色盘里调匀颜色，然后把蔬菜的横切面蘸满颜料再印画。

③教师需要为幼儿提供真实的蔬菜，鼓励幼儿尝试用不同的颜色和蔬菜印画，还需要提醒幼儿注意食品安全，避免误食。

案例2-7

（1）活动名称：手掌对印画。

（2）活动目标：

①乐意将颜料涂在手掌上进行印画，体验用手掌画画的乐趣。

②了解手掌对印画和纸张对边折的方法。

③提高双手配合的协调性及对色彩的敏感度。

（3）材料解读：

①印画的纸张宜选用宣纸，因为宣纸独特的渲染效果能够让画面变化多样，引起幼儿对手印画的兴趣。

②提供色彩明亮的颜料和毛笔，幼儿按自己的喜好在手掌上涂上不同的颜色，画面会更丰富。

（4）材料构成（见图2-50）：

① A3纸（297毫米×420毫米）大小的宣纸及毛笔。

②红、黄、蓝、绿四种颜色的水粉颜料。

③托盘，调色盘，毛巾。

图2-50　材料构成

（5）操作步骤：

①取出颜料瓶，将画笔插入瓶中；将宣纸短边与短边对折（见图2-51）。

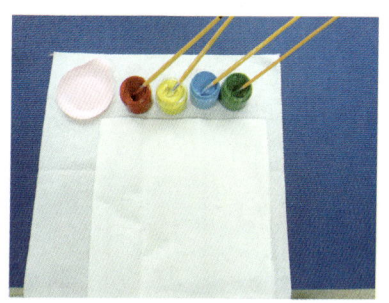

图2-51　取出颜料，对折宣纸

②用笔在手上均匀涂画自己喜欢的颜色（见图2-52）。

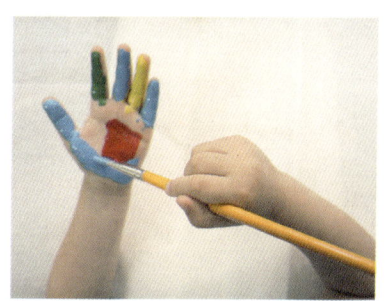

图2-52　用笔在手上涂色

③将涂满颜料的手在宣纸的一面上任意印画（见图2-53）。

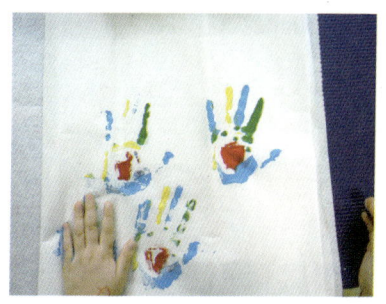

图2-53　在宣纸上印画

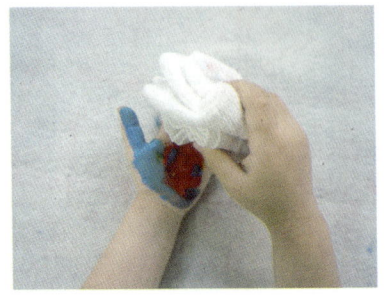

图 2-54　将手上的颜料擦干净

④用毛巾将手上的颜料擦干净（见图 2-54）。

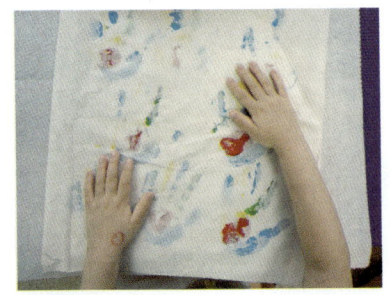

图 2-55　完成另一半纸的对印

⑤将宣纸的另一面覆盖在已印好画的一面上，用力按压完成对印（见图 2-55）。

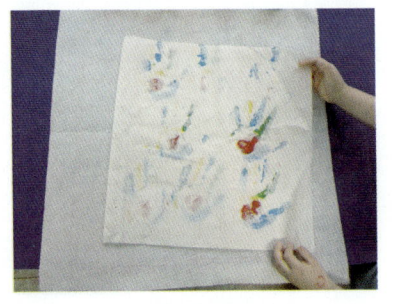

图 2-56　轻轻揭开宣纸

⑥双手分别抓住纸的两边，轻轻揭开（见图 2-56）。

图 2-57　静置晾干，欣赏作品

⑦操作完成后静置晾干，欣赏作品（见图 2-57）。

（6）适宜年龄：3—4岁。

（7）注意事项：教师要提醒幼儿将手掌上每一个部分都涂满颜料后再印到宣纸上。

（8）变化延伸：

①可以增加手指印画、拳头印画等不同造型。

②可以在印好的画面上，借助于美术区里的开放性材料进行创意添画。

（9）活动反思：

①有的幼儿印画时不够大胆，在同一个地方重复印画，教师应鼓励他们在宣纸的空白处印画，完成更多的造型。

②小班幼儿手指动作不够灵活，在手指上涂颜色时存在颜色过多或过少的现象，教师应及时提醒幼儿先在手上均匀地涂满颜料，再印到宣纸上。

③印画完成后，教师需要观察幼儿是否能够顺利地将宣纸打开，适时为其提供帮助和引导，使其体验成功的喜悦。

二、中班美术区

对于中班美术区，我们选取了深圳市莲花二村幼儿园17年区域探索成果中的精华，荟萃了园本化、本土化材料设计和制作的优秀案例，向读者展示如何基于幼儿在小班时已有的美术经验投放材料，促进中班幼儿美术素养与能力的发展，为接下来进入大班后开展更加灵活、多样的美术区探索打下坚实的基础。

（一）中班美术区设计思路

中班幼儿在成人的启发下，开始注意和亲近周围环境中美的事物和现象，并产生愉悦的情绪。他们喜欢观察生活与自然中的事物，喜欢欣赏色彩鲜艳、造型独特的美术作品，并能随作品内容展开丰富的想象和创造。在设计中班美术区时，教师应基于幼儿在小班阶段对材料操作方法及美术知识技能运用的已有经验，为幼儿提供更为丰富的材料和广阔的空间，以激发幼儿对美术创作的浓厚兴趣，并掌握更多的美术经验与技能。例如，在"我妈妈"的材料中，教师为幼儿提供了硬纸板、棉线团、贝壳、羽毛等多种生活中常见的废旧材料，引导幼儿感受创造带来的快乐，并了解生活中废旧材料的多种用途。

（二）中班美术区活动导航

通过中班美术区活动导航图（见图2-58）可以看出，教师在为中班阶段的美术区提供材料时，依然以贴近幼儿生活的常见材料为主，但更突出自然元素的特点。教师可鼓励幼儿在美术区的活动中通过与多种材料的互动，进行绘画、制作及造型等创作活动，以充实幼儿的美术知识、技能、经验等，使他们敢于并乐于在美术区中表达、表现和创造美。

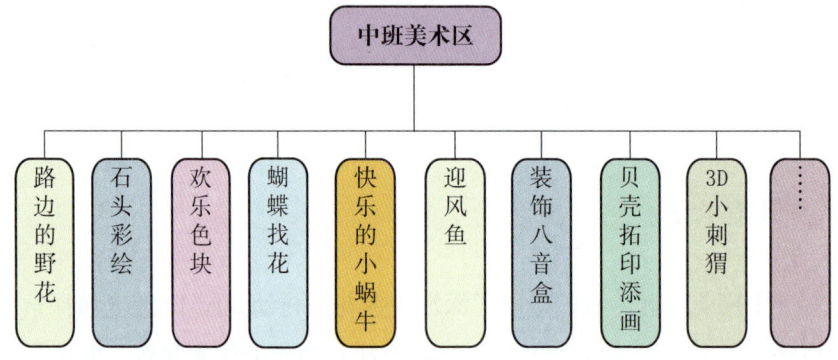

图2-58 中班美术区活动导航图

（三）中班美术区材料案例

案例2-8

（1）活动名称：路边的野花。

（2）活动目标：

①乐意动手剪出喜欢的图案，体验对称剪的乐趣。

②了解对称图形的特征和对称折、对称剪的基本方法。

③提高使用剪刀和绘画构图的能力。

第二章　艺术区材料案例

（3）材料解读：
①正方形彩纸可方便幼儿折剪的操作。
②一头粗一头细的画笔可满足幼儿画轮廓和装饰的不同需要。
（4）材料构成（见图2-59）：
①正方形彩纸，双头勾线笔，剪刀。
②托盘，盒子。

图 2-59　材料构成

（5）操作步骤：
①从托盘中取出正方形彩纸（见图2-60）。

图 2-60　取出彩纸

②将正方形纸边对边折成长方形（见图2-61）。

图 2-61　对折成长方形

③以对折线为起点，在长方形的画面上画出一半的花朵轮廓，并在花朵的中间位置画出花心轮廓（见图2-62）。

图 2-62　画出一半花朵轮廓

图 2-63　沿线剪下花朵轮廓

④用剪刀沿图案线条剪下花朵轮廓（见图 2-63）。

图 2-64　剪出花心

⑤将花朵的中心部位剪下，剪出花心（见图 2-64）。

图 2-65　增添纹路

⑥打开剪下的花朵，用各种线条和图案装饰花瓣（见图 2-65）。

图 2-66　欣赏完整作品

⑦添画完成后，欣赏完整作品（见图 2-66）。

（6）适宜年龄：4—5岁。

（7）注意事项：教师要关注幼儿能否正确使用剪刀，提醒幼儿注意安全。

（8）变化延伸：

①可以在对折的正方形纸上剪出不同的对称图案，如蝴蝶等。

②可尝试将纸张换成长方形，然后对称剪。

③可尝试立体的对称剪。

（9）活动反思：

①中班幼儿在剪直线和曲线上有了一定的基础，教师基于班级幼儿现有水平设计了"对称剪"的活动，幼儿对活动很感兴趣，基本能自主完成。

②个别幼儿能够很好地完成对折和勾画轮廓，但是在对称剪时使用剪刀的技能还有待加强。对于使用剪刀有困难的幼儿，教师应鼓励其独立完成对折和绘画两个步骤，剪纸部分可由师生共同完成。

③个别能力强的幼儿能够很快完成操作，教师应该鼓励其适当增加操作难度，如尝试更复杂的对称剪、多运用其他方式装饰画面等。

案例 2-9

（1）活动名称：石头彩绘。

（2）活动目标：

①愿意参与石头彩绘的创作，体验想象和绘画的快乐。

②欣赏石头彩绘的作品，了解石头彩绘的方法。

③能够运用丙烯颜料在石头上添画自己喜欢的图案。

（3）材料解读：

①用造型各异的石头吸引幼儿的作画兴趣。

②为幼儿提供几种粗细不同的画笔，供其使用。

③选用丙烯颜料绘画，便于上色，而且作品存放时间久，色彩更鲜艳。

图 2-67　材料构成

（4）材料构成（见图 2-67）：
① 鹅卵石，画笔，丙烯颜料。
② 毛巾，小展示架。
③ 石头彩绘小书。

图 2-68　欣赏石头彩绘作品

（5）操作步骤：
① 翻阅石头彩绘小书，欣赏石头彩绘作品（见图 2-68）。

图 2-69　取出材料，铺好垫纸

② 逐一取出操作材料，铺好垫纸（见图 2-69）。

图 2-70　观察石头，设计画面

③ 挑选出一块喜欢的鹅卵石进行观察，根据石头的形状构思画面（见图 2-70）。

第二章 艺术区材料案例

④取出画笔蘸取适量的丙烯颜料（见图 2-71）。

图 2-71　用画笔蘸取颜料

⑤大胆地在鹅卵石上绘画（见图 2-72）。

图 2-72　在石头上绘画

⑥用毛巾擦干净画笔，换颜色并继续在石头上绘画（见图 2-73）。

图 2-73　换颜色绘画

⑦将完成的作品摆放在展示架上晾干、展示（见图 2-74）。

图 2-74　展示完整作品

（6）适宜年龄：4—5岁。

（7）注意事项：

①丙烯颜料盒不用时需要盖紧盖子，以防颜料干结。

②引导幼儿将垫纸铺好后再作画，以防桌面粘上丙烯颜料不易清洗。

③为幼儿提供几种粗细不同的画笔，供其使用。

（8）变化延伸：

①可尝试组合多块石头进行彩绘创作。

②可以收集各种形状的木块或者竹编制品，进行彩绘创作。

（9）活动反思：

①石头添画是运用大自然材料开展的活动，为幼儿提供的一般是比较平滑、大小与幼儿手掌接近的鹅卵石，教师可让幼儿平时与家长外出游玩时收集并带回班级。

②基于幼儿对石头彩绘的前期欣赏经验，大多数幼儿在操作过程中都能独立完成，但也有个别幼儿迟迟不敢下笔，教师需要及时介入，引导孩子观察石头形状，鼓励其大胆地下笔绘画并及时给予肯定。

③丙烯颜料的特性是易上色和固色，教师应提醒幼儿作画前先穿好围裙、袖套，以防颜料沾到衣服上。

案例 2-10

（1）活动名称：欢乐色块。

（2）活动目标：

①愿意探究点彩画的艺术魅力，体验点彩画的乐趣。

②了解点彩的绘画特点及简单技巧。

③提升对色彩的分辨能力及对名画的欣赏能力。

（3）材料解读：

①提供的颜料可以是丙烯颜料，也可以是水粉颜料，冷暖色要分开，注意深浅搭配。

②提供几种粗细不同的画笔，方便幼儿选择。

③丙烯颜料盒不用时需要盖紧盖子，以防颜料干结。

④提供A5纸大小的油画框，幼儿能很快完成，从而获得成就感。

⑤为幼儿提供毛巾用于换颜色时擦拭画笔，以简化洗笔的程序。

（4）材料构成（见图2-75）：

①颜料盒，油画框，美纹贴，画笔，剪刀，调色盘和毛巾。

②名画《大碗岛的星期天下午》的图片。

图2-75　材料构成

（5）操作步骤：

①取出点画图片欣赏，了解点彩画"用细小的彩点堆砌"的特点（见图2-76）。

图2-76　欣赏名画

②用美纹贴在油画框上随意对边粘贴，将画面分成若干区域（见图2-77）。

图2-77　贴上美纹贴分格

③选择适合的画笔蘸一种喜欢的颜料（见图2-78）。

图2-78　选取画笔和颜料

图 2-79　点彩一块区域

④在油画框中选取一块空白区域，进行点彩操作（见图 2-79）。

图 2-80　换颜色点彩

⑤用同样的方法选取不同颜色，点彩油画框中的另一个空白区域（见图 2-80）。

图 2-81　点彩出疏密效果

⑥依此方法画完所有空格区域后，用不同的颜色在上面再次点彩装饰，在画面上制造出疏密分布的效果（见图 2-81）。

图 2-82　撕美纹贴，作品完成

⑦轻轻撕下油画框中所有的美纹贴，作品完成（见图 2-82）。

（6）适宜年龄：4—5岁。

（7）注意事项：

①点彩创作时两种近似颜色不要混合，才能显现色彩的层次性。

②紧挨着点彩，不要留空白。

（8）变化延伸：

①可以用点彩的方法绘画花朵或动物等多种图案。

②可尝试在其他的载体（如木板、瓶子、水管等）上进行点彩创作。

（9）活动反思：

①点彩画的难点在于幼儿需要分辨冷暖色调，用相似的颜色点彩绘画，教师应事先让幼儿有认识冷暖色的经验，提供颜料时应将冷暖色分开，把相似色放在一起，以便幼儿分辨与选择。

②点彩画是一项需要幼儿专注、细心、有耐心的活动，个别性格急躁的幼儿在点彩时会在画面上遗留很多空白，教师需要及时引导与修正，帮助其获得成功的喜悦。

案例2-11

（1）活动名称：蝴蝶找花。

（2）活动目标：

①乐意探索湿拓画的奥秘，体验拓印画的乐趣。

②了解湿拓画的基本步骤和操作方法。

③提升色彩搭配能力及动作协调性。

（3）材料解读：

①提供色彩鲜艳的颜料能满足幼儿玩颜色的喜好。

②为幼儿提供湿拓画中需要的特殊调配的画液，能引起幼儿探究的愿望。

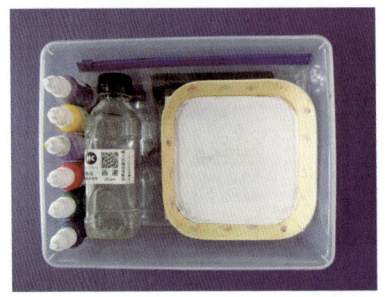

图 2-83　材料构成

（4）材料构成（见图 2-83）：
①特殊调配的画液及彩色颜料。
②调色棒，勾线笔，画纸。
③白底碟子，透明塑料托盘。

图 2-84　将画液倒入碟中

（5）操作步骤：
①从托盘中取出画液和白底碟子，将画液倒入白底碟子，直至底部全覆盖（见图 2-84）。

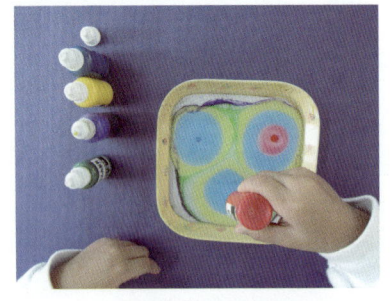

图 2-85　将颜料滴入画液中

②取出黄、绿、蓝、红、紫色颜料，逐一将少量颜料滴入画液中（见图 2-85）。

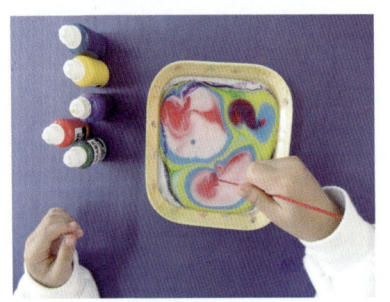

图 2-86　用调色棒造型

③取出调色棒，轻轻搅拌碟中颜料，将不同颜料设计成喜欢的造型（见图 2-86）。

第二章 艺术区材料案例

④取出白画纸,将画纸平铺在托盘中有颜色的画液表面(见图2-87)。

图 2-87 将画纸平铺在画液上

⑤两手捏住画纸上方两角,慢慢向上提起已拓画好的作品平放,晾晒作品(见图2-88)。

图 2-88 慢慢提起作品

⑥待拓画作品晾干后,将其平铺在操作毯上,用黑色画笔在画上添画大树、花、蝴蝶等图案(图2-89)。

图 2-89 湿拓画添画

⑦将拓印画贴在白色花边底板上,完成对作品的装饰(图2-90)。

图 2-90 用花边底板装饰作品

（6）适宜年龄：4—5岁。

（7）注意事项：

①教师要提醒幼儿在倒入画液时，注意将白色碟子底部全覆盖。

②湿拓画完成后，需待画液滴干再取出作品并晾干。

（8）变化延伸：

①画液中的颜料可采用散点式滴法。

②可将完成的湿拓画作品剪成漂亮的窗花。

（9）活动反思：

①幼儿在倒画液时不能很好地控制倒入的量，教师可在托盘中贴一条标识线，以免画液倒入过多或者过少。

②在后续活动中，教师可以提供大小不同的托盘和更多颜色的颜料，这样幼儿的创作会更加丰富。

案例 2-12

（1）活动名称：快乐的小蜗牛。

（2）活动目标：

①萌发对水墨画的探究兴趣。

②了解水墨画中用笔中锋画出螺旋形线条及调整墨汁比例的基本方法。

③提升用毛笔作画的水平以及调配墨汁浓淡的能力。

（3）材料解读：

①所提供的笔为狼毫笔，不同粗细型号4～5支。

②为幼儿提供裱好的宣纸，使画面更有中国韵味。

（4）材料构成（见图2-91）：

①宣纸，墨汁，国画颜料，毛笔。

②笔托，笔洗，调色盘，滴管及标有比例的杯子4个。

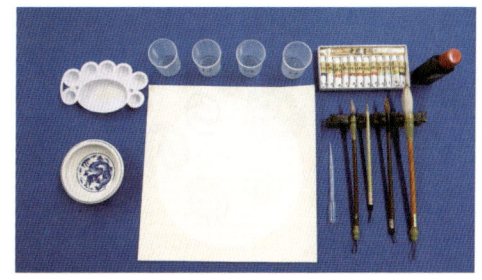

图2-91　材料构成

（5）操作步骤：

①拿出四个杯子，根据上面标注的调墨比例将第一个杯子加入原墨汁，其他三个杯子加入清水到刻度线位置（见图2-92）。

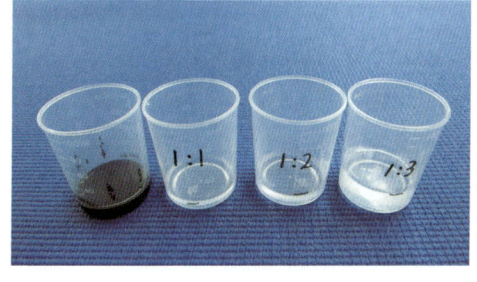

图2-92　将标有比例的杯子摆好

②按比例提示，用滴管吸取墨汁加入其他三个杯子，形成浓淡不同的墨汁（见图2-93）。

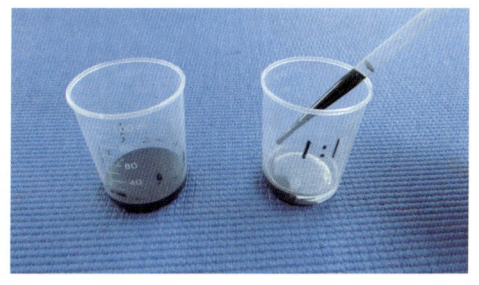

图2-93　滴入墨汁，观察浓淡

③选择一支毛笔，蘸取第一个杯子中的原墨汁，在宣纸上画出螺旋形浓墨线条（见图2-94）。

图2-94　画出浓墨线条

图 2-95 画出不同浓淡的线条

④选择粗细不同的毛笔,依次蘸取其他杯子中的墨汁,画出不同浓淡的螺旋形线条(见图 2-95)。

图 2-96 将颜料挤到调色盘

⑤打开国画颜料,选择自己喜欢的颜色挤到调色盘中(见图 2-96)。

图 2-97 添画颜色

⑥从笔托上选取未打湿的中号毛笔,蘸取颜料后给图案上色(见图 2-97)。

图 2-98 更换颜料,完成作品

⑦在笔洗中将笔洗干净,换一种颜料上色,直至完成作品(见图 2-98)。

（6）适宜年龄：4—5岁。

（7）注意事项：

①教师要提醒幼儿每次使用完毛笔后，将其放在笔托上以免滚落。

②教师要提醒幼儿选择较宽敞的场域，以便于铺展材料和操作。

（8）变化延伸：

①可尝试用螺旋形、弓形等线条进行创作。

②可选择粗细不同的毛笔作画，感受不同的艺术效果，并在完成的图案上创意添画。

（9）活动反思：

①这份材料的主要目的在于让幼儿进行基本的水墨画运笔练习，让幼儿通过多次探索大胆用笔绘画，体验墨汁不同浓度的层次效果，幼儿对此活动表现出浓厚的兴趣。

②在幼儿绘画时，教师需要引导幼儿按黑色指示线装入清水，并按比例滴入墨汁，这样才能调出不同浓度的墨汁，画出层次效果。

③幼儿初次运用毛笔绘画时，教师应该引导幼儿观察图片上的正确执笔姿势，让幼儿养成良好的握笔习惯。

案例2-13

（1）活动名称：迎风鱼。

（2）活动目标：

①愿意动手探索和尝试简单的立体图案造型。

②了解将平面小鱼组合成立体小鱼造型的基本方法。

③尝试独立剪贴和拼接，提高双手的灵活性和协调能力。

（3）材料解读：

①选用彩色纸能变换不同颜色的小鱼身体。

②作品完成后可悬挂在教室作为环境装饰。

图 2-99　材料构成

（4）材料构成（见图 2-99）：

①正方形彩纸。

②托盘，盒子。

③剪刀，勾线笔，胶水。

图 2-100　取出彩纸

（5）操作步骤：

①取出彩纸并摆放在操作毯上（见图 2-100）。

图 2-101　画出鱼身

②在彩纸上画出三角形的鱼身，以同样的方法在其他两张彩纸上画出鱼身。（见图 2-101）。

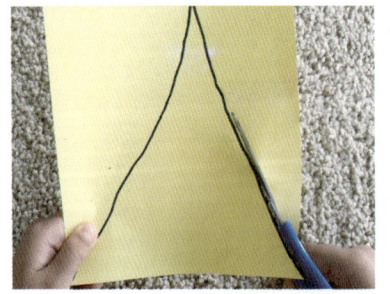

图 2-102　剪出鱼身

③沿画出的线条剪下不同颜色的鱼身。（见图 2-102）。

第二章　艺术区材料案例

④在剪下的鱼身边缘部位涂上胶水（见图2-103）。

图2-103　沿鱼身边缘涂胶水

⑤将剪下的平面三角鱼身拼接成一条立体鱼，注意鱼嘴的方向要一致，鱼身两边重合粘贴，组合成立体小鱼的基本形状（见图2-104）。

图2-104　组合成小鱼形状

⑥用勾线笔在立体鱼的身体上勾画出鱼鳞和图案（见图2-105）。

图2-105　勾画装饰鱼鳞

⑦把立体鱼的三面身体画满鱼鳞后，完成作品并欣赏（见图2-106）。

图2-106　欣赏作品

（6）适宜年龄：4—5岁。

（7）注意事项：

①教师要注意提醒幼儿在不同颜色的纸上画三角形时尽量大小一致。

②组合小鱼时要控制好三角形鱼嘴的朝向并使边与边的粘贴宽度一致。

（8）变化延伸：

①可以在鱼的身上装饰不同的花纹。

②可以尝试用同样的方法制作出不同花纹的立体小鱼。

（9）活动反思：

①幼儿前期已有画小鱼的经验，对鱼的形态、轮廓有较清晰的认识。这次尝试制作立体小鱼，幼儿的兴致很高。

②在组合立体小鱼的环节，由于幼儿的空间感不是很强，有的幼儿画出的三角形大小不一样，导致在拼接立体小鱼的过程中出现造型不一、方向不一等情况，教师应及时做出调整，帮助幼儿画出类似大小的三角形做鱼身或鼓励幼儿尝试用夹子固定纸张，三张纸同时剪，以降低幼儿拼接的难度，使幼儿更容易体验成功。

案例2-14

（1）活动名称：我妈妈。

（2）活动目标：

①乐意用各种废旧材料制作造型，抒发对妈妈的爱。

②了解各种废旧材料的名称以及基本使用方法。

③提高色彩搭配及画面构图的能力。

（3）材料解读：

①选择生活中常见的废旧物品作为材料，既环保又能吸引幼儿的兴趣。

②提供大的硬纸板有利于固定造型。

第二章 艺术区材料案例

（4）材料构成（见图2-107）：

①硬纸板，毛球，棉线团，白乳胶，贝壳，羽毛等。

②铅笔，剪刀，小筐。

图 2-107　材料构成

（5）操作步骤：

①把硬纸板当作妈妈的脸，在硬纸板上画妈妈的眼睛、嘴巴等（见图2-108）。

图 2-108　画脸部轮廓

②将毛球涂上白乳胶并粘贴到眼睛的位置（见图2-109）。

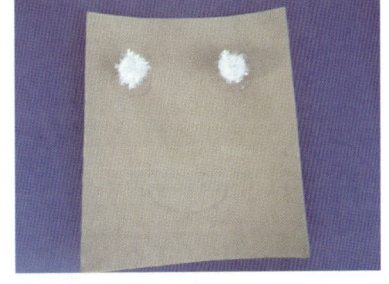

图 2-109　粘贴眼睛

③选择适当的废旧物品，用同样的方法装饰嘴巴和鼻子，再用棉签将白乳胶涂抹在头顶的位置，准备装饰头发（见图2-110）。

图 2-110　准备装饰头发

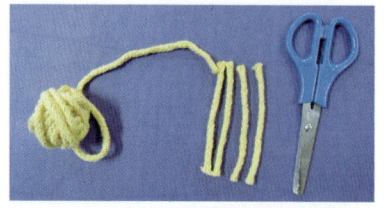

图 2-111　裁剪黄色棉线

④将黄色棉线剪成小段线条（见图 2-111）。

图 2-112　粘贴头发

⑤将黄色棉线一根一根地粘在硬纸板上涂抹了白乳胶的地方做成头发（见图 2-112）。

图 2-113　用蝴蝶结装饰头发

⑥用布料制作一个蝴蝶结，将其粘在头发上作为装饰（见图 2-113）。

图 2-114　欣赏完整作品

⑦欣赏、分享自己的作品（见图 2-114）。

（6）适宜年龄：4—5岁。

（7）注意事项：

①引导幼儿先在硬纸板上布局五官的位置，再挑选适宜的废旧材料装饰。

②粘贴头发的白乳胶不宜涂抹太多。

③引导幼儿在粘头发时一根一根地有序粘贴。

（8）变化延伸：

①可以用不同的废旧材料进行造型。

②可以做出不同人物或动物的造型或面具。

（9）活动反思：

①中班幼儿经过小班阶段的积累，已经有了一定的绘画、手工等方面的经验，教师设计本次活动意在让幼儿学会利用各种废旧材料进行造型，相比其他手工活动，幼儿有了更大的想象及创作的空间，在材料选择方面有了更多的自由，对此操作材料表现出浓厚的兴趣。

②在幼儿操作材料时，教师发现有的幼儿小肌肉动作发展还不完善，在粘贴时白乳胶涂抹得过多或过少、粘贴头发时不能按要求有序粘贴，因此，教师在今后的活动中还需进一步加强指导。

案例2-15

（1）活动名称：甜品店。

（2）活动目标：

①萌发用各色黏土制作甜品的愿望。

②了解运用超轻黏土制作甜品的基本方法和步骤。

③提高色彩搭配能力和手指的灵活性。

（3）材料解读：

①超轻黏土的鲜艳色彩能引起幼儿的兴趣。

②形态各异的甜品模具能做出不同的造型。

图 2-115　材料构成

（4）材料构成（见图 2-115）：

① 彩色黏土。

② 甜品模具（美术公共材料区）及甜品架。

③ 托盘，小喷壶。

图 2-116　取出黏土和模具

（5）操作步骤：

① 取出制作蛋糕所需的模具和黏土（见图 2-116）。

图 2-117　用黏土制作蛋糕形状

② 取出适量的黏土放入模具中，团、捏出蛋糕的形状（见图 2-117）。

图 2-118　用线条和点装饰

③ 选择另一种颜色的黏土，将其揉搓成长条和圆球，再把它们装饰到蛋糕上（见图 2-118）。

第二章 艺术区材料案例

④将做好的蛋糕放置在甜品架上,再选择一个冰激凌模具(见图2-119)。

图 2-119 选取冰激凌模具

⑤将黏土放进模具轻轻捏出冰激凌造型(见图2-120)。

图 2-120 捏出冰激凌造型

⑥取出装饰用的黏土,按自己的想法用线条、圆球等点缀冰激凌,完成造型(见图2-121)。

图 2-121 用线条和点装饰

⑦根据喜好在美术区选择多个不同模具,用搓、团、捏等不同方式装饰、点缀,完成所有甜品的制作(见图2-122)。

图 2-122 完成所有甜品的制作

（6）适宜年龄：4—5岁。

（7）注意事项：注意让幼儿一次取一种颜色的黏土，避免颜色混淆，使用完黏土后记得将密封袋子拉紧，以保持黏土湿润。

（8）变化延伸：

①可以使用不同的废旧材料，尝试在没有模具的情况下设计出甜品造型。

②可以在公共材料区选择更多的辅助材料进行造型，使甜品样式及颜色更为丰富。

（9）活动反思：

①幼儿对黏土创作有着浓厚的兴趣，通过前期的练习，他们对黏土造型的制作有了一定的经验。本次甜品店的主题设计与造型，幼儿参与的积极性很高，并在整个过程中表现出专注、投入。

②在幼儿的操作过程中，教师发现有的幼儿不能较好地把握每次黏土的用量，而导致材料消耗过多，教师应该适时做出引导。

③对于动手能力较强的幼儿，在尝试过一两个模具的装饰后，教师可以鼓励其大胆地从美术区废旧材料中选择喜欢的盒子、盖子和瓶子等作为新模具进行设计及装饰，以提高自主探究能力。

案例 2-16

（1）活动名称：装饰八音盒。

（2）活动目标：

①乐意发挥想象用黏土装饰八音盒，体验创作的乐趣。

②了解黏土的各种造型及装饰方法。

③尝试将三原色调配成六间色，增强对色彩的审美能力。

（3）材料解读：

①提供的超轻黏土颜色多，混色容易，幼儿操作起来不黏手、不留残渣。

②以绘本为载体为幼儿提供了很好的塑造海洋生物的素材。

③作品不需烘烤，自然风干，干燥后不会出现裂纹。

④黏土与其他材料（不管是纸张、玻璃、金属，还是蕾丝、珠片）的结合度高。黏土干燥定型以后，可用水彩、油彩、亚克力颜料、亮光油上色，

能激发幼儿的无限想象。

（4）材料构成（见图2-123）：

①各色超轻黏土，音乐盒白胚，泥塑工具，塑料小眼珠，绘本《独一无二的你》。

②亮光油，定型吹风机。

③托盘，精致礼盒。

图2-123　材料构成

（5）操作步骤：

①阅读绘本，仔细观察绘本中各种海洋生物的形态（见图2-124）。

图2-124　阅读绘本

②用深浅不一的蓝色黏土把音乐盒外壳全部包裹起来（见图2-125）。

图2-125　包裹音乐盒

③构思小丑鱼的造型，选择塑造小丑鱼所需颜色的黏土，利用泥塑工具塑造出鱼的形状（见图2-126）。

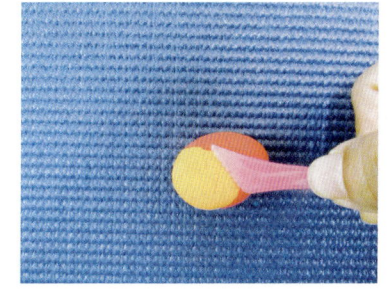

图2-126　利用泥塑工具塑形

图 2-127　把小丑鱼放在音乐盒上

④把制作好的小丑鱼放在包裹好的音乐盒上（见图 2-127）。

图 2-128　吹风机吹干定型

⑤制作几根水草补充装饰盒面，用定型吹风机吹干所有造型（见图 2-128）。

图 2-129　涂亮光油

⑥为作品涂上亮光油（见图 2-129）。

图 2-130　邀请同伴欣赏作品

⑦扭动音乐盒，邀请同伴共同欣赏（见图 2-130）。

（6）适宜年龄：4—5岁。

（7）注意事项：教师需要提醒幼儿使用定型吹风机时注意安全。

（8）变化延伸：

①可以用同样的方法完成蛋糕音乐盒等各种不同主题的作品。

②可以运用更多的美工辅助材料装饰作品。

（9）活动反思：

①此活动让幼儿沉浸在妙趣横生的故事情节中，轻松捏制黏土，用黏土塑造出故事中的小丑鱼形象。在操作的过程中，幼儿既丰富了想象力和创造力，又通过动手揉捏使手部小肌肉动作得到了发展。

②有的幼儿配色不够大胆，教师需要及时予以指导，并鼓励幼儿大胆尝试。

案例 2-17

（1）活动名称：贝壳拓印添画。

（2）活动目标：

①激发积极探索将贝壳拓印成画的兴趣。

②了解贝壳的不同外形及特殊的纹理特点，学习黏土拓印的方法。

③能大胆地在画面上添画，丰富想象力。

（3）材料解读：

①选用形态各异的贝壳，以引起幼儿拓印的兴趣。

②把贝壳先拓印在黏土上，再根据拓印出来的画想象和创作，充分发挥创造力。

（4）材料构成（见图2-131）：

①黏土，贝壳。

②纸，毛笔，勾线笔，颜料。

③托盘，泥工板。

图2-131　材料构成

图 2-132　取出黏土团圆

（5）操作步骤：

①取出适量黏土团圆（见图 2-132）。

图 2-133　压扁黏土，选取贝壳

②压扁黏土，选取喜欢的贝壳进行观察，把纹路凸起部分放在黏土上，双手拇指按压拓印（见图 2-133）。

图 2-134　在印好的模子上涂色

③拿起贝壳，用笔蘸上颜料在贝壳拓印出的模子上均匀涂色（见图 2-134）。

图 2-135　用纸拓印贝壳画

④把画纸覆盖在涂满颜色的贝壳模子上，用手轻压拓印出贝壳画（见图 2-135）。

⑤双手小心揭开拓印好的贝壳画（见图 2-136）。

图 2-136　揭开拓印好的画纸

⑥用勾线笔在拓印好的贝壳画上自由添画（见图 2-137）。

图 2-137　用笔添画

⑦收好物品，欣赏作品（见图 2-138）。

图 2-138　欣赏作品

（6）适宜年龄：4—5 岁。

（7）注意事项：

①在幼儿拓印贝壳时，教师要提醒幼儿用贝壳的凸面拓印。

②在幼儿创作添画时，教师要引导幼儿以拓印好的贝壳为主体，大胆想象并进行添画。

（8）变化延伸：

①可选择多种贝壳同时在一块黏土上拓印，并进行创作添画。

②可以增加水粉颜色和水彩笔进行创作添画。

（9）活动反思：

①中班幼儿已经能熟练地掌握搓、压黏土的技能，此份材料的设计意在让幼儿借助于不同的材料进行拓印，并大胆地进行创作添画。

②在活动过程中，教师应引导幼儿用贝壳纹路最清晰、最有特色的那一面拓印。当发现有的幼儿握笔姿势不对时，教师要及时示范并予以纠正。

③开展贝壳拓印添画活动前，教师可建议家长带领幼儿利用海边踏浪的时间捡贝壳、玩沙滩拓印游戏，积累简单的拓印画经验，从而使幼儿在活动中能很好地拓展经验，引发创作灵感。

案例 2-18

（1）活动名称：3D小刺猬。

（2）活动目标：

①萌发用3D打印笔创作的愿望。

②了解3D打印笔的使用方法。

③通过黏土与3D打印线条结合造型提升动手动脑及空间组合的能力。

（3）材料解读：

①选用高科技的3D打印笔能充分引起幼儿的兴趣。

②用超轻黏土和3D打印直线条搭配造型，更有趣味性。

（4）材料构成（见图2-139）：

①3D打印笔，打印耗材，超轻黏土。

②托盘，纸，笔。

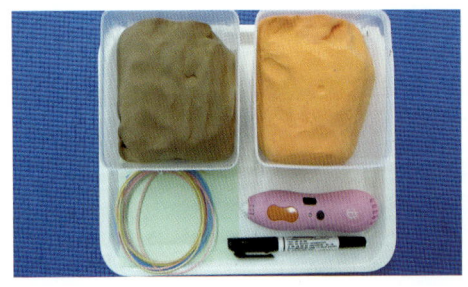

图2-139　材料构成

（5）操作步骤：

①取出适量黏土，捏出一个椭圆体，做成小刺猬的身体形状（见图2-140）。

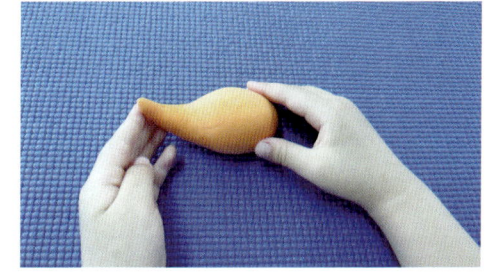

图2-140　捏出小刺猬的身体

②取出纸、笔，在纸上画出线条，将其设计成小刺猬身上的刺（见图2-141）。

图2-141　用笔绘画小刺猬的刺

③取出3D打印笔，选择一种喜欢的颜色的耗材，插入打印笔后面的孔中（见图2-142）。

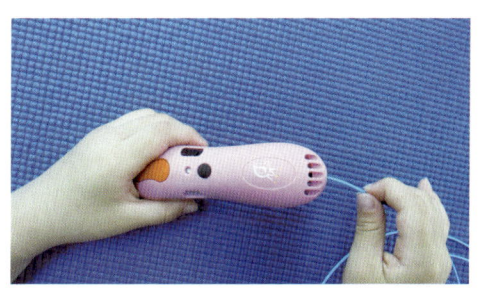

图2-142　插入打印耗材

④按下启动开关，开启3D打印笔（见图2-143）。

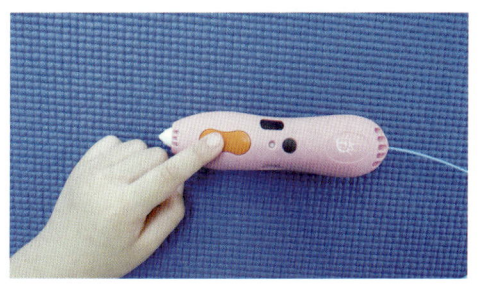

图2-143　按下启动开关

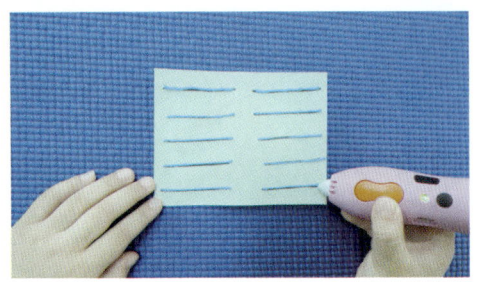

图 2-144　在画线处打印立体线

⑤用 3D 打印笔在纸上线条处依次打印出立体的小刺猬的刺,打印完成后,关掉 3D 打印笔(见图 2-144)。

图 2-145　给刺猬插上刺

⑥从纸上取下 3D 线条,根据自己的喜好插满小刺猬的身体(见图 2-145)。

图 2-146　完成造型

⑦为小刺猬添上眼睛、鼻子,并按个人喜好在其身体上加上黏土做成的果子,完成整体造型(见图 2-146)。

(6)适宜年龄:4—5 岁。

(7)注意事项:教师要引导幼儿正确使用 3D 打印笔,注意安全。

(8)变化延伸:

①可用 3D 打印线条和黏土搭配做其他造型,如仙人掌、树等。

②在 3D 打印笔运用熟练后,可改为做人物的头发造型(卷发)。

(9)活动反思:

①幼儿对 3D 打印笔这种新型操作材料很感兴趣,教师应引导幼儿了解

3D 打印笔的开关位置及掌握正确的使用方法,保证幼儿安全、顺利地完成操作。

②对于中班幼儿来说,3D 打印直线条是适合的,但是要注意数量,一般打印刺猬的刺,直线条 10 根之内比较合适。

案例 2-19

(1)活动名称:3D 小树叶。

(2)活动目标:

①乐意运用 3D 打印笔造型。

②了解 3D 打印笔的正确使用以及与树枝拼接的方法。

③提高动手操作能力及养成专注细心的良好学习品质。

(3)材料解读:

①选用当前比较新潮的 3D 打印笔能激发幼儿的操作兴趣。

②选用树枝、花瓶等辅助材料更容易体现视觉效果。

(4)材料构成(见图 2-147):

①白色卡纸,铅笔,小树枝,陶瓷小花瓶。

②打印笔,浅绿色、深绿色 3D 打印耗材。

③托盘。

图 2-147　材料构成

(5)操作步骤:

①将白色卡纸和铅笔从托盘中取出(见图 2-148)。

图 2-148　取出铅笔与白色卡纸

图 2-149 画树叶轮廓

②使用铅笔在白色卡纸上画出树叶轮廓（见图 2-149）。

图 2-150 取出打印耗材

③从托盘中取出 3D 打印笔、浅绿色和深绿色的打印耗材（见图 2-150）。

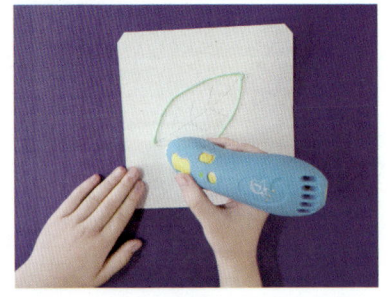

图 2-151 打印树叶

④打开 3D 打印笔开关，待绿灯长亮时，再将打印耗材插入 3D 打印笔的小孔中，按"开始"按钮，沿着树叶轮廓打印（见图 2-151）。

图 2-152 拿出材料摆放

⑤将打印好的 3D 树叶轻轻取下，拿出小树枝（见图 2-152）。

⑥用3D打印笔将叶子固定在树枝上（见图2-153）。

图2-153　把树叶固定在树枝上

⑦将所有的树叶固定好后，插到花瓶中，作品完成（见图2-154）。

图2-154　作品完成

（6）适宜年龄：4—5岁。

（7）注意事项：在幼儿进行3D打印时，教师要提醒幼儿不要触碰笔尖，注意安全。

（8）变化延伸：

①可做一棵仿真的小树，然后将叶子粘上。

②可以用3D打印技术打印出更多幼儿喜欢的图案。

（9）活动反思：

①教师在引导幼儿打印单片树叶时，发现幼儿因为控制不好力度，会将树叶的脉络打乱，教师应该着重指导并示范正确方法。

②当幼儿把树叶拼接在树枝上时，教师要提醒幼儿有耐心、动作轻而慢才可成功。

③当幼儿能够熟练操作3D打印笔后，教师可以提供更多色彩丰富的打印耗材，鼓励幼儿创作出更好的作品。

三、大班美术区

对于大班美术区,我们选取了深圳市莲花二村幼儿园17年区域探索成果中的精华。为了让区域材料更具中国化和本土化特色,让幼儿在不同的艺术创作体验中感受中国传统文化,在筛选大班材料时,我们为读者选择了一些更具中国文化艺术特色的材料与案例,以便让幼儿更好地在发现、感受、表达与创造美的基础上传承中国优秀传统文化。

(一)大班美术区设计思路

幼儿的绘画、手工以及欣赏能力在中班后期得到了较大的提升,表现出较强的创造意识,基于此,教师在设计大班幼儿美术区活动时,应该进一步引导幼儿用心去感受和发现大自然和社会文化生活中的美,丰富其想象力和创造力,并引导幼儿尝试用自己的方式,独立、多样化地表现感受或想象,进一步提升幼儿的美术能力和素养。

(二)大班美术区活动导航

大班阶段是幼儿美术知识与能力发展快速提升的关键时期。从大班美术区活动导航图(见图2-155)中可以看出,基于幼儿中班的已有经验和大班幼儿的兴趣特点,教师为大班幼儿美术区投放材料时,除了关注材料自身的丰富性外,更注重材料与幼儿的社会文化生活息息相关,既体现民族传统特色,又具时尚潮流创意。在美术区的活动过程中,幼儿拥有充分的创造条件和机会,能够感受和体验社会文化生活与艺术结合的美,进而获得美术综合能力及素养的发展。

第二章 艺术区材料案例

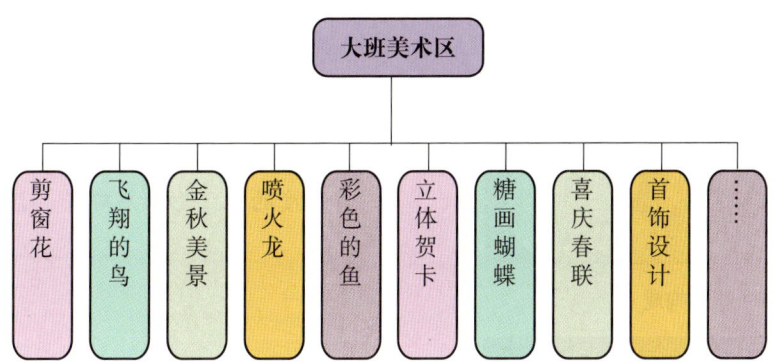

图 2-155 大班美术区活动导航图

（三）大班美术区材料案例

案例 2-20

（1）活动名称：剪窗花。

（2）活动目标：

①体验用彩色颜料创作和印染湿拓画的乐趣。

②了解湿拓画作画的基本方法和步骤。

③提高使用剪刀的协调性和灵活性。

（3）材料解读：

①材料中调配的特殊画液，能使颜料漂浮起来，激起幼儿操作的欲望和兴趣。

②选用红、黄、蓝、绿等常见色的颜料，有利于幼儿在创作中观察和发现色彩的混合效果。

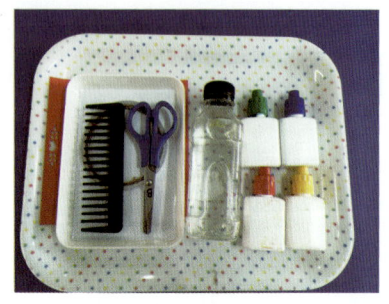

图 2-156　材料构成

（4）材料构成（见图2-156）：

①蓝色、红色、黄色、绿色颜料，画液。

②调色梳子，画纸，剪刀，双面胶。

③有深度的长方形白底碟子，托盘。

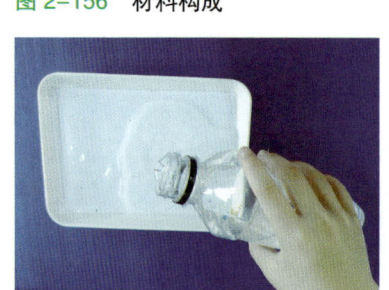

图 2-157　倒入画液

（5）操作步骤：

①从托盘中取出画液和白底碟子，将画液倒入白底碟子，直至底部全覆盖（见图2-157）。

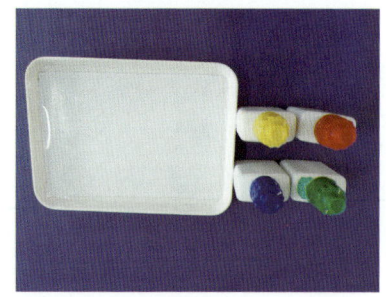

图 2-158　取出颜料

②将黄色、绿色、蓝色和红色颜料分别取出，整齐地摆放在白底碟子的右侧（见图2-158）。

图 2-159　将颜料滴入画液中

③拧开颜料瓶盖，按照自己的需求逐一将颜料滴入画液中，呈现画面效果（见图2-159）。

④从托盘中取出调色梳子,手抓梳柄随意移动,将白色碟子中的颜料晕开(见图2-160)。

图 2-160　使用梳子晕色

⑤将白色画纸平铺在已晕色的画液表面并停留5秒,两手捏住画纸两角,慢慢向上取出湿拓画作品,待水滴干后反面放置晾干(见图2-161)。

图 2-161　拓画作品

⑥湿拓画作品晾干后,将其对角折三次成三角形,取出剪刀,剪出喜欢的图案(见图2-162)。

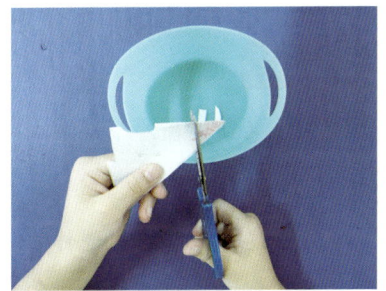

图 2-162　剪窗花

⑦将剪好的窗花用双面胶粘贴在彩色的作品衬纸上,作品完成(见图2-163)。

图 2-163　粘贴窗花

（6）适宜年龄：5—6岁。

（7）注意事项：教师要提醒幼儿注意，材料中调配的特殊透明画液不能饮用，完成操作后要及时把双手清洗干净。

（8）变化延伸：

①可尝试将湿拓画对边折后进行剪纸创作，观察不一样的作品效果。

②可将湿拓画纹路作品作为素材，结合剪贴和绘画进行组合创作。

（9）活动反思：

①幼儿对材料中的彩色颜料能漂浮在画液上并能随着调色梳子的搅动而流动很感兴趣。

②教师提供的白色碟子需要有一定的深度，可在碟子侧边贴上一条刻度标识，以提示幼儿倒入的画液的量；同时提醒幼儿双手提起湿拓画时，需待水滴干后再将作品晾干。

③在幼儿点滴颜料及使用调色梳子晕色时，教师不要过多干预幼儿的创作，鼓励幼儿多尝试，体验不一样的创作效果。

案例2-21

（1）活动名称：飞翔的鸟。

（2）活动目标：

①激发探究二脚钉创作的兴趣，体验成功的乐趣。

②了解二脚钉连接和固定的方法。

③发展双手小肌肉的力量和手指的灵活性。

（3）材料解读：

①利用二脚钉的两片夹片，能将两张以上的纸张连接、固定并保留转动的功能，幼儿可进行各种图形组合，让平面作品动起来。

②为幼儿提供各色卡纸，既方便幼儿操作，又满足幼儿选择的需要。

（4）材料构成（见图2-164）：
①彩色卡纸，二脚钉。
②剪刀，胶水，勾线笔。
③托盘，小碟子。

图2-164　材料构成

（5）操作步骤：
①从托盘中选取喜欢的颜色的卡纸平铺在操作毯上，构思并在卡纸上画出小鸟的头部图形（见图2-165）。

图2-165　构思图形

②逐一从托盘中取出其他颜色的卡纸，用勾线笔分别在卡纸上画出小鸟的身体、翅膀、嘴巴、眼睛和尾巴（见图2-166）。

图2-166　分别画出图案

③取出剪刀，逐一将各色卡纸上的图案沿轮廓剪下，并将其整齐地摆放在操作毯上（见图2-167）。

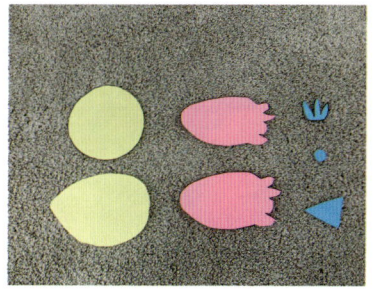

图2-167　摆放图案

图 2-168　粘贴装饰部分

④将小鸟的眼睛和嘴巴用胶水粘贴到头上,将尾巴粘贴到身体上(见图 2-168)。

图 2-169　固定小鸟

⑤将小鸟的翅膀分别摆放在身体的两侧,取出二脚钉在两片卡纸重叠部位用力从上往下按,再翻转到背面将二脚钉的夹片分开固定。用同样的方法连接和固定小鸟的头部(见图 2-169)。

图 2-170　检查二脚钉的连接

⑥尝试转动小鸟的翅膀、头部等,检查二脚钉是否正确固定(见图 2-170)。

图 2-171　欣赏作品

⑦完成操作后,整理材料并将剪下的废纸放入垃圾桶,欣赏完成的作品(见图 2-171)。

第二章 艺术区材料案例

（6）适宜年龄：5—6岁。

（7）注意事项：教师要提醒幼儿安全使用二脚钉，在用力按的时候小手不要放在卡纸后面，以免扎伤。

（8）变化延伸：

①可用二脚钉制作可转动的其他动物或人物。

②可选用子母扣固定和连接作品，同样可使作品有转动的效果。

（9）活动反思：

①幼儿对作品的理解为"小鸟需要活动的部位仅限于翅膀"，因此教师可引导幼儿通过前期作品欣赏，对小鸟的活动部位有更全面的认识。

②个别幼儿可能会对分配小鸟身体各部分的比例感到困难，因此教师可引导幼儿通过先画再剪的方法有效地降低操作材料的难度。另外，教师要注意观察幼儿在操作过程中使用剪刀的情况，根据幼儿的实际情况进行引导。

③教师可鼓励幼儿将作品作为素材和道具，用于故事讲述和角色扮演的活动。

案例 2-22

（1）活动名称：金秋美景。

（2）活动目标：

①体验运用丙烯绘画与树枝造型结合创作的乐趣。

②认识表现秋天特征的系列暖色调名称。

③尝试用排笔点画的方式绘制丙烯画，增强艺术表现力。

（3）材料解读：

①所提供的颜料盒是35色独立格子盒，能直观地呈现颜料色系的渐变排列，便于幼儿在操作过程中选择和蘸点。

②所选用的果冻丙烯颜料色彩饱满，稠度适宜，较易着色，用其绘制的作品能长时间保存且不褪色。

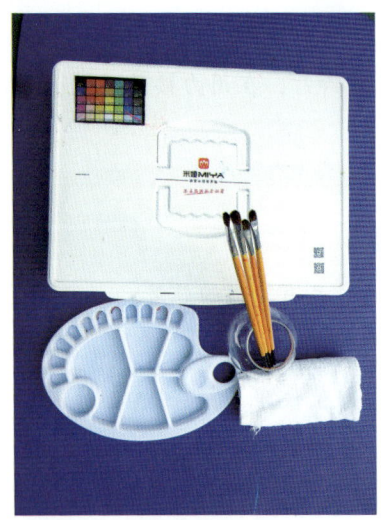

图 2-172　材料构成

（4）材料构成（见图 2-172）：

①丙烯颜料，排笔，笔筒。

②调色盘，白乳胶。

③湿毛巾。

图 2-173　准备材料

（5）操作步骤：

①将丙烯颜料盒、调色盘和排笔等材料逐一取出并整齐地摆放在桌子上，从美术公共材料区中取来需要的纸张，做构图准备（见图 2-173）。

图 2-174　擦拭笔头

②用排笔在颜料盒中蘸取颜料涂刷底色。换颜色前，用湿毛巾从笔头根部向笔尖方向擦拭，顺着一个方向重复几次（见图 2-174）。

③待笔头擦拭干净后,再从颜料盒中蘸取其他暖色调颜料,继续涂刷未完成部分(见图2-175)。

图2-175 填充底色

④在美术区开放性材料筐中选择需要的树枝创作大树造型,并用白乳胶粘贴固定(见图2-176)。

图2-176 粘贴树枝造型

⑤从颜料盒中选取所需要的其他暖色调颜料,用点画的方式为大树添加树叶(见图2-177)。

图2-177 点画树叶

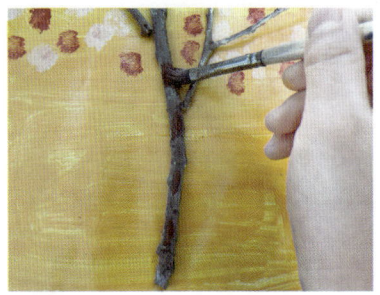

图2-178 添加树枝颜色

⑥同样以点画的方式,选取近似色颜料为树枝涂上颜色(图2-178)。

图2-179 欣赏作品

⑦完成操作后密封好颜料盒,清洗材料并归位,与同伴共同欣赏作品(图2-179)。

(6)适宜年龄:5—6岁。

(7)注意事项:教师要提醒幼儿在使用下一个颜色前用湿毛巾将笔头清洁干净,以保持其他格子中颜料的纯净。

(8)变化延伸:

①为使作品更立体,可以引导幼儿增选其他开放性材料进行组合装饰。

②可以提供更大一些的树枝,引导幼儿结合绳子使用,让作品立体,而不仅仅局限于平面化的创作。

(9)活动反思:

①幼儿尝试从水粉画过渡到丙烯画,对点画方式还不熟悉,可是又急于立刻呈现作品,此时教师可通过为幼儿提供不同尺寸的纸张,满足不同幼儿的选择需求。

②教师可在活动前引导幼儿欣赏以秋天为主题的名画,了解有关暖色调的相关知识,使幼儿更好地利用色彩表达金秋的画面。

③教师可提供不同型号的排笔供幼儿选择；幼儿使用完丙烯颜料后，教师要引导幼儿盖紧盒盖，并用小喷壶喷洒一些水在颜料表面，以保持颜料湿润。

案例 2-23

（1）活动名称：喷火龙。

（2）活动目标：

①萌发参与石头创意彩绘的意愿和兴趣，体验作品成功的快乐。

②了解超能胶粘贴和固定石头的使用方法。

③能根据石头的外形与组合进行创意彩绘，促进想象力的发展。

（3）材料解读：

①每一颗石头都具有独特性，大小不一的石头可用于单独和组合彩绘创作，满足不同幼儿的需求。

②果冻丙烯颜料色彩饱满，稠度适宜，较易着色，用其绘制的作品能长时间保存且不褪色。

（4）材料构成（见图2-180）：

①鹅卵石，油画板，丙烯颜料。

②超能胶，画笔，调色盘，湿毛巾。

图 2-180　材料构成

（5）操作步骤：

①从活动柜中取出丙烯颜料、油画板和鹅卵石等材料，将其一一整齐地摆放在操作毯上（见图2-181）。

图 2-181　取出所需材料

图 2-182　将石头散放

② 从小筐中选择自己需要和喜欢的石头散放在一边,并进行观察(见图 2-182)。

图 2-183　构思创作主题

③ 将鹅卵石放在油画板上反复摆放、组合,根据石头的形状特点构思创作主题(见图 2-183)。

图 2-184　设计并创作造型

④ 在油画板上创作并摆放出自己喜欢的造型(见图 2-184)。

图 2-185　用超能胶粘贴石头

⑤ 用超能胶按从上到下、从左到右或从大到小的顺序,逐一将胶水涂到石头背面并快速放回原位,轻轻压一压,固定石头(见图 2-185)。

⑥取出画笔蘸取颜料，先绘出鹅卵石主体造型，再用颜料在其周围添画背景（见图 2-186）。

图 2-186 装饰石头，添画背景

⑦作品初步成型后，再根据需要进行调整和修改，收拾材料并与同伴共同欣赏作品（见图 2-187）。

图 2-187 欣赏作品

（6）适宜年龄：5—6 岁。

（7）注意事项：

①所提供的石头应是比较光滑的鹅卵石，避免石头的尖角和利边划伤幼儿。

②作品完成后应先平放，待超能胶完全干透后，再将作品立起来展示。

（8）变化延伸：

①可在一块石头上进行主题彩绘创作。

②可将多块石头垒高或排列，组成立体造型，然后进行彩绘创作。

（9）活动反思：

①石头拼贴画是充分发挥幼儿想象力、创造力的一项活动。在开展活动前，教师可带领幼儿到大自然中寻找、收集各种石头，启发幼儿根据石头的外形大胆想象，组合各种造型，获得更多的前期经验。

②所提供的石头素材要数量充足、大小不一、形状各异，以满足幼儿不同的创作需要。教师要注意提醒初次操作的幼儿，需先将石头拼出造型后，

用超能胶粘贴并固定每一块石头,再进行彩绘创作。

③此份材料的操作包含拼、粘、画等步骤,能促进对幼儿良好的逻辑性以及细致、坚持的性情的培养。教师在初始阶段时提供的油画框不要太大(A5纸大小即可),这样能缩短幼儿完成作品的时间,使其获得成功的愉悦。

案例 2-24

(1)活动名称:彩色的鱼。

(2)活动目标:

①体验创作的乐趣,萌发对手工制作活动的兴趣。

②了解用折叠、剪贴、组合等方式制作彩色鱼作品的过程和方法。

③提高动手操作能力和设计构图能力。

(3)材料解读:

①幼儿对将扇面折叠、组合、粘贴成立体作品的形式很感兴趣。

②可选用偏薄一些的彩色手工纸,以便于幼儿折叠和粘贴。

(4)材料构成(见图2-188):

①橙色、粉色、红色手工纸,彩色卡纸,白色A3硬卡纸。

②剪刀,双面胶,铅笔,纸盒。

图2-188 材料构成

(5)操作步骤:

①取出彩色手工纸,将手工纸沿边按1厘米左右宽度,上下反复对折,压出折痕(见图2-189)。

图2-189 上下对折,压出折痕

②将折好的长条对折，取出双面胶粘贴，将其固定成扇形，用同样的方法完成更多扇形以作为鱼鳞（见图2-190）。

图2-190　折成扇形鱼鳞

③取出彩色卡纸和其他工具，用铅笔在纸上画出鱼头轮廓、眼睛和嘴巴等（见图2-191）。

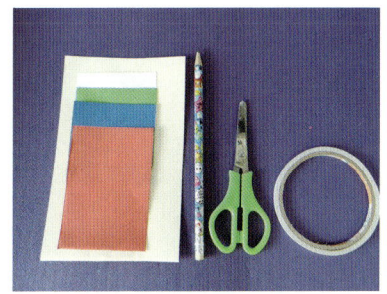

图2-191　取出制作鱼头的材料

④用剪刀将画好的鱼头轮廓、眼睛和嘴巴等逐一剪出（见图2-192）。

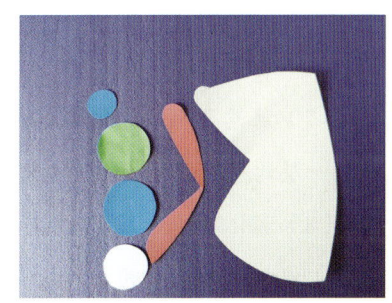

图2-192　剪出鱼头

⑤将剪下的材料摆放在操作毯上，组合成鱼头，并用双面胶粘贴和固定（见图2-193）。

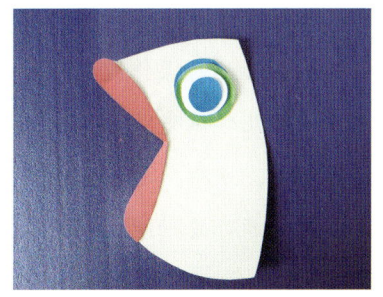

图2-193　粘贴鱼头

图 2-194　组合鱼形

⑥将完成的鱼头和扇形鱼鳞摆放在白色 A3 硬卡纸上，并做调整（见图 2-194）。

图 2-195　作品完成

⑦最后用双面胶从底层开始逐层粘贴和固定，完成作品（见图 2-195）。

（6）适宜年龄：5—6 岁。

（7）注意事项：在幼儿粘贴扇形鱼鳞时，教师要提醒幼儿从底层开始，一层一层地往上粘贴，这样才能更好地表现鱼鳞的立体效果。

（8）变化延伸：

①以扇形手工纸为载体，创作其他类型的作品（如裙子、雨伞等）。

②用不同的材料创作不同的以"鱼"为主题的作品。

（9）活动反思：

①在幼儿的操作过程中，教师发现个别幼儿不能折出整齐的扇形，教师可建议幼儿尝试先将手工纸长边对折、对折、再对折，打开后再按折痕反复上下对折，另外，还可以用剪成不同长度的扇形表现不同大小的鱼鳞。

②教师可鼓励能力较强的幼儿在初步完成作品后到美术公共材料区选择适宜的材料，对自己的作品进行装饰，进一步美化作品。

案例 2-25

（1）活动名称：立体贺卡。

（2）活动目标：

①体验将自制贺卡赠予他人的愉悦感，增强与他人情感交流的积极性。

②知道制作立体贺卡的基本方法。

③发展双手的协调性、灵活性及创作的想象力。

（3）材料解读：

①日常生活中的立体贺卡因新颖和可爱而深受幼儿喜爱，他们对于能自制立体贺卡充满好奇和期待。

②材料中的 A4 卡纸（297 毫米 ×210 毫米）需具有一定厚度，彩色的手工折纸可以稍薄，以便于幼儿对折和剪裁。

（4）材料构成（见图 2-196）：

①白色 A4 厚卡纸，彩色手工折纸。

②双面胶，白乳胶，剪刀，铅笔。

③彩色扣子，蝴蝶贴纸等。

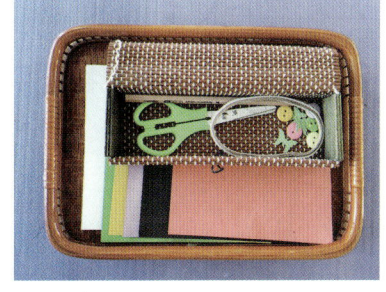

图 2-196　材料构成

（5）操作步骤：

①将绿色手工折纸平放在操作毯上，用折纸扇的方法将纸反复沿边对折，压出折痕（见图 2-197）。

图 2-197　边与边对折

图 2-198　将长条剪段

②一手取出剪刀,另一手紧捏折好的绿色长条,将其剪成长短不一的小段,并对折、粘贴成扇形(见图 2-198)。

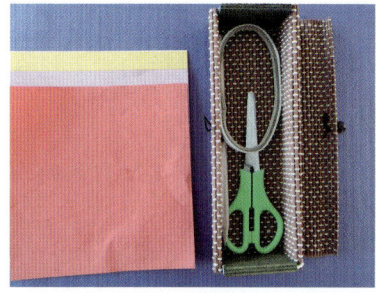

图 2-199　取出手工材料

③从托盘中取出彩色手工纸、剪刀和双面胶,绘画和剪贴出喜欢的图案(见图 2-199)。

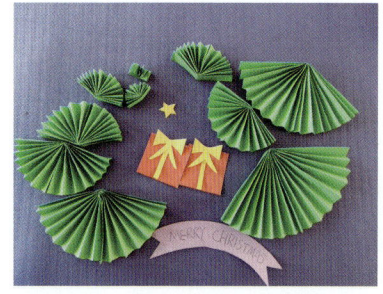

图 2-200　将做好的材料散放

④将完成的材料散放在操作毯上(见图 2-200)。

图 2-201　完成圣诞树造型

⑤使用双面胶将材料粘在白色卡纸上,并按从短到长、从上到下的顺序依次粘贴成圣诞树的造型(见图 2-201)。

⑥用铅笔在圣诞树的周围添画，绘出雪花，装饰贺卡（见图2-202）。

图2-202　添画并装饰贺卡

⑦最后装饰贺卡封面，操作完成后整理材料、清理垃圾，与同伴共同欣赏立体贺卡（见图2-203）。

图2-203　装饰封面，作品完成

（6）适宜年龄：5—6岁。

（7）注意事项：在幼儿粘贴圣诞树时，教师要提醒幼儿两面粘贴，并按从短到长、从上到下的顺序将材料粘贴在白色卡纸上。

（8）变化延伸：

①可结合其他节日（如母亲节、教师节、春节等），制作不同主题的贺卡。

②可通过多层错落粘贴的方式，制作其他形式的立体贺卡。

（9）活动反思：

①在幼儿粘贴圣诞树时，教师应重点引导幼儿将剪好的短段，以厚卡纸中间的折痕为中心分别在左右两边进行粘贴，这样当打开贺卡时，圣诞树才能呈风琴状展开。

②在幼儿的操作过程中，教师应鼓励幼儿大胆创作，可在美术区的开放性材料中选取自己需要和喜爱的材料对贺卡的封面及封底进行个性化装饰。

③教师应提醒幼儿，将贺卡赠送给他人时要双手递出并说出祝福语，培

养幼儿完整的语言表达能力及良好的社会交往能力。

案例 2-26

（1）活动名称：糖画蝴蝶。

（2）活动目标：

①激发对民俗艺术形式"糖画"的探究兴趣。

②了解糖画作品的特点及制作的基本步骤与方法。

③能将糖稀较流畅地沿画稿线条描画，提高手眼协调能力。

（3）材料解读：

①用食品材料作为制作元素，幼儿既能在过程中享受快乐，又能在作品完成后品尝美食。

②带嘴勺子便于幼儿倒糖稀，把不锈钢盘垫在画纸下能缩短糖稀的凝固时间。

图 2-204　材料构成

（4）材料构成（见图 2-204）：

①糖画作品小书，画纸，画笔。

②电饭锅，汤勺，糖条，透明硅胶垫。

③不锈钢盘，竹签，托盘。

图 2-205　欣赏糖画作品小书

（5）操作步骤：

①从托盘中取出糖画作品小书并仔细欣赏，了解糖画作品的不同风格及基本特点（见图 2-205）。

②从托盘中取出笔和纸,设计自己喜欢的糖画图案并在画纸上勾勒出来(见图2-206)。

图2-206 设计糖画图案

③把透明硅胶垫轻轻放在画稿上,调整为将画稿图案完整覆盖即可(见图2-207)。

图2-207 用硅胶垫覆盖画稿

④将糖条放入电饭锅中加热,待糖条软化后轻轻搅拌,用勺舀出糖稀准备作画(见图2-208)。

图2-208 舀出糖稀

⑤将画稿和透明硅胶垫一起放入不锈钢盘中,用勺将糖稀沿着画稿线条浇下,慢慢勾勒糖画(见图2-209)。

图2-209 用糖稀浇画稿

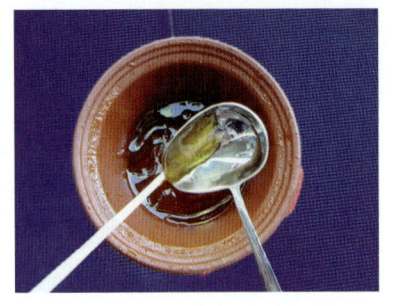

图 2-210　将竹签粘上糖稀

⑥把竹签尖头部分插入电饭锅中，待竹签粘上糖稀后迅速拿起，再将其粘到勾画好的糖画作品的中间位置（见图 2-210）。

图 2-211　美化细节部位

⑦舀出少量糖稀淋在竹签和糖画连接处使其更牢固，再用点糖稀的方法描画细节，美化作品（见图 2-211）。

（6）适宜年龄：5—6 岁。

（7）注意事项：

①提醒幼儿在操作时注意安全，如：煮糖稀的温度不要过高，以防烫伤；竹签细长，要防止被戳伤等。

②将竹签粘到作品上时注意，竹签要粘到画面中间且签头不超出糖画图案，同时需要将少量糖稀再次淋在竹签和糖画连接处使其更牢固，避免拿下糖画时竹签脱落。

（8）变化延伸：

①可将糖条换成巧克力，制作巧克力画。

②可鼓励幼儿尝试用分层制作再组合拼接的方法制作三维糖画。

（9）活动反思：

①选用优质糖条熬制糖稀，并只在当天使用，以保证食品食用安全。

②教师引导幼儿制作糖画的关键点在于：在倒糖稀的过程中要使图案中

的每一个线条都连接起来；另外，用勺子舀出糖稀时要在电饭锅边把粘在勺底的糖稀刮干净，没有糖稀滴落后再移开，以保持桌面和画面的整洁。

③倒糖稀的动作对幼儿的手眼协调能力有较高的要求。教师若发现幼儿在设计画稿时把条纹设计得过于密集，可以提醒其适当把画稿的线条画简洁一些；若发现幼儿把画面连成一片，则可建议幼儿待糖稀凝固后再描画第二层的细节。

案例 2-27

（1）活动名称：喜庆春联。

（2）活动目标：

①感受版画独特的艺术形式，体验创作版画的乐趣，激发对传统文化艺术的探究兴趣。

②了解中国活字印刷术的原理及制作春联版画的基本步骤。

③初步掌握刻刀等工具的使用方法，提高操作安全意识及动手能力。

（3）材料解读：

①所提供的材料均为真实的版画制作工具，幼儿能更真实、生动地体验版画的制作过程和乐趣。

②选用带有铜锡箔细碎片的红色对联纸进行拓印，红底黑字的春联更能衬托出浓浓的节日气氛。

（4）材料构成（见图2-212）：

①PVC胶板[①]，刻刀，剪刀，白乳胶，油墨滚，拓印工具。

②油墨，墨汁，墨碗。

③毛笔，笔托，宣纸，红色对联纸。

图 2-212　材料构成

---

① 一种聚氯乙烯（Polyvinyl Chloride，简称PVC）板材。

（5）操作步骤：

图 2-213　临摹文字

①取出毛笔和宣纸，看着作品展示墙中的对联作品，尝试临摹"大"字（见图 2-213）。

图 2-214　把字反贴在 PVC 胶板上

②用剪刀沿字的边线剪开，在字的正面涂上白乳胶，将其粘贴在 PVC 胶板上（见图 2-214）。

图 2-215　刻出文字

③待胶水晾干后，一手紧压胶板，一手用刻刀沿字的边线从里往外将没有被覆盖的部分削去一层，PVC 胶板的文字部分呈凸出状态（见图 2-215）。

图 2-216　滚油墨

④将油墨滚蘸上油墨，使油墨均匀地滚印在已刻好文字的 PVC 胶板上（见图 2-216）。

⑤将对联纸带有铜锡箔的一面轻轻地覆盖在滚好油墨的PVC胶板上，用拓印工具反复磨印整张对联纸的每一处（见图2-217）。

图2-217 磨印

⑥将红色对联纸从PVC胶板上揭开，放至一旁晾干油墨，依此方法继续完成其他文字的刻画和拓印（见图2-218）。

图2-218 揭开对联纸

⑦将拓印好的单字作品按序排列，粘贴组成春联，与同伴一起欣赏春联作品（见图2-219）。

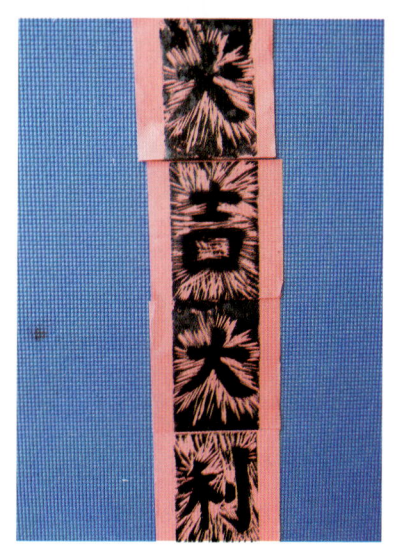

图2-219 欣赏春联作品

（6）适宜年龄：5—6岁。

（7）注意事项：提供的刻刀比较锋利，教师应注意提醒和引导幼儿安全使用——一手用刻刀沿字体边线从里往外用力，另一手则放在刀锋后紧压胶板避免戳伤自己。

（8）变化延伸：

①可让幼儿了解阴刻的方法，把文字部分削去，感受不一样的拓印效果。

②可建议幼儿用此刻画方法尝试制作其他主题的版画。

（9）活动反思：

①衣服沾上油墨后不易清洗，建议教师在活动前准备好围裙并提醒幼儿穿好后再开始操作。

②在幼儿的操作过程中，教师应重点关注幼儿的刻刀使用安全，培养其良好的活动常规，鼓励幼儿在完成"大吉大利"的春联后，尝试挑战更多不同的春联。

③此材料可结合迎新主题使用，幼儿完成的春联作品既可用于班级环境装饰，亦可带回家与父母共同装饰家庭环境。

案例 2-28

（1）活动名称：首饰设计。

（2）活动目标：

①体验自制首饰的乐趣，培养想象和创作的热情。

②了解戒指设计的基本流程，知道材料中各种工具的名称及作用。

③能合理利用塑形工具制作、装饰微小和精细的戒指造型。

（3）材料解读：

①为幼儿提供有较大戒指托面的活口戒指托，以利于黏土黏附于戒指托及按幼儿手指尺寸灵活调整大小。

②选用透明亚克力戒指盒，以更好地展示和保护戒指成品。

（4）材料构成（见图 2-220）：

①戒指托，各色超轻黏土，闪钻盒，亮光油，戒指手稿小书。

②透明戒指盒，黏土工具刀。

③小碗，托盘。

图 2-220　材料构成

（5）操作步骤：

①取出戒指手稿小书，欣赏设计师设计的戒指手稿，构思自创戒指的图样和造型（见图 2-221）。

图 2-221　欣赏设计稿

②取出一小团超轻黏土，轻轻粘于戒指托面，确定所做戒指托面造型的大小（见图 2-222）。

图 2-222　确定戒指托面大小

③从小碗中选取其他颜色的超轻黏土，运用团、捏、卷等方法设计和制作自己喜欢的造型（见图 2-223）。

图 2-223　用黏土初步塑形

图 2-224　把造型镶嵌在戒指托上

④把初步设计和制作好的戒面造型镶嵌在戒指托上（见图 2-224）。

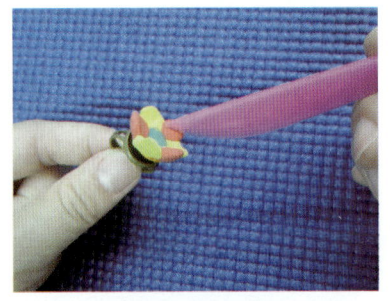

图 2-225　修整戒面造型

⑤取出黏土工具刀，借助于工具尖头部位，细心地修整并完善戒面造型（见图 2-225）。

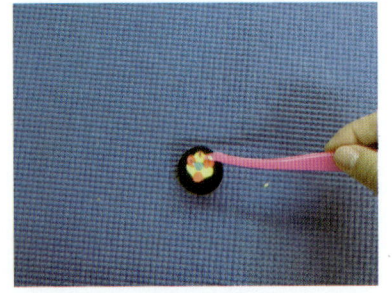

图 2-226　用闪钻装饰戒面

⑥从闪钻盒中选择与戒面颜色、造型相配的闪钻，用黏土工具刀将其镶嵌在戒面上（见图 2-226）。

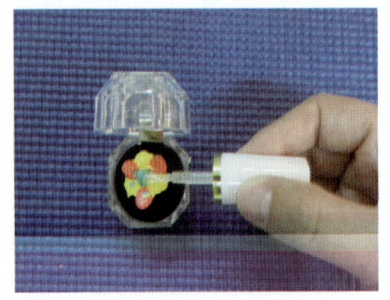

图 2-227　美化并展示作品

⑦将装饰好的戒指放入透明戒指盒，为其涂上亮光油后放置晾晒，作品完成（见图 2-227）。

（6）适宜年龄：5—6岁。

（7）注意事项：市面上常见的亮光油一般有刺激气味，建议教师为幼儿选购适合孕妇使用的水性无色无味指甲油，以确保材料的安全性。

（8）变化延伸：

①鼓励幼儿用同样的方法设计、制作系列的项链、耳钉等首饰。

②提供多种材料（如亚克力钻石、珠子、水晶等），让幼儿尝试设计珠宝。

（9）活动反思：

①幼儿在把做好的戒面造型与戒指托底座连接时，容易把塑好的戒面形状捏扁，教师可为幼儿提供定型吹风机，引导幼儿用吹风机把塑好的部分先吹干、定型后再用乳胶黏合。另外，当幼儿为戒面造型装饰细小、精美的闪钻和亮片时，教师可为幼儿提供一个小镊子，以便于幼儿操作。

②教师可为幼儿创设相互学习和交流的机会，开展不同主题（如"花海""丛林"等）的戒指设计活动，激发幼儿无限的创意。

案例 2-29

（1）活动名称：陶泥花瓶。

（2）活动目标：

①欣赏和感受陶泥作品的艺术美，萌发动手创作陶泥作品的兴趣。

②了解陶泥作品制作的方法和基本步骤。

③能借助于电动陶泥拉坯机，尝试用拔柱的方法制作陶泥花瓶。

（3）材料解读：

①选用电动陶泥拉坯机制作陶艺，既便于幼儿塑造陶泥，又能激发幼儿对陶艺制作的兴趣。

②提供多种颜色的陶泥原料，可满足幼儿不同的创作需求，使作品更具特色和韵味。

图 2-228　材料构成

（4）材料构成（见图 2-228）：
① 陶泥拉坯机，各色陶泥，棉絮。
② 泥锤，木质陶艺工具刀，圆形展示台。
③ 木质垫板，盛水小碗，毛巾。

图 2-229　欣赏陶泥制品

（5）操作步骤：
① 点开计算机中的"陶艺制作"文件，欣赏各种陶制艺术品，了解陶泥的制作特点和基本步骤（见图 2-229）。

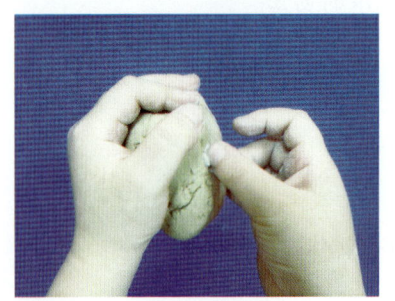

图 2-230　揉匀陶泥与棉絮

② 取出一小团陶泥与少许棉絮，将棉絮加入陶泥中，并在木质垫板上混合、揉匀（见图 2-230）。

图 2-231　拍泥

③ 取出泥锤，反复拍打陶泥，使其变得更紧实，然后将其团成泥柱（见图 2-231）。

④启动陶泥拉坯机,在盛水小碗中沾湿双手,再润滑陶泥表面,将泥柱放到陶泥拉坯机上(见图2-232)。

图2-232 沾湿双手

⑤双手左右相对,从泥柱底部外缘向中心施力,慢慢地把泥柱向上拔高(见图2-233)。

图2-233 慢慢拔高泥柱

⑥取出开孔工具刀,一手轻扶泥柱,一手用工具从泥柱顶端开孔,并修整容器外形(见图2-234)。

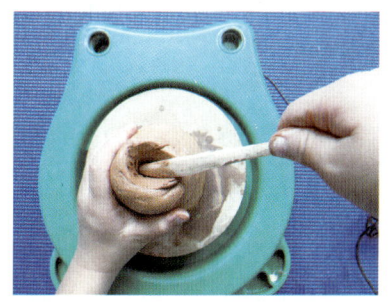

图2-234 开孔

⑦按设计需要取出其他颜色的陶泥,运用卷、揉、捏等技巧制作藤枝和花瓣,并将其装饰在瓶身上(见图2-235)。

图2-235 捏花瓣装饰瓶子

（6）适宜年龄：5—6岁。

（7）注意事项：电动陶泥拉坯机需通电才能使用，教师应在幼儿活动前为其插好电源，避免发生触电意外。

（8）变化延伸：

①可引导幼儿在作品晾干后上色。

②可建议幼儿尝试用长条盘筑法制作花瓶。

③可建议幼儿尝试运用各种木质陶艺工具刀雕刻简单的陶泥圆雕作品。

（9）活动反思：

①在陶泥原料中添加少许棉絮，可以使陶泥作品更牢固，不易裂开。

②幼儿对电动陶泥拉坯机很感兴趣，会迫不及待地把泥柱放到拉坯机上把玩，因此教师需提醒幼儿仔细了解操作步骤后再启动拉坯机。

③制作陶泥花瓶的难点在于幼儿需借助于开孔工具刀，从泥柱顶端为花瓶均匀开孔，如若幼儿没能成功塑形，教师应鼓励幼儿总结经验并从拍泥步骤重新尝试，从而为有需要的幼儿给予适宜的指导。

案例 2-30

（1）活动名称：3D蝴蝶。

（2）活动目标：

①感受科技对生活的改变，体验3D创意打印的乐趣。

②了解身边小科技产品的发展与功能，知道3D打印笔的安全使用方法。

③能用3D打印笔将平面设计图打印和连接成立体造型。

（3）材料解读：

①购买的3D打印笔应为充电式，避免电源位置的限制及电线对幼儿创作过程的干扰。

②将彩色打印耗材裁剪成长20厘米左右的段条，可避免因长卷线缠绕影响幼儿操作，同时也更便于幼儿换色。

第二章 艺术区材料案例

（4）材料构成（见图 2-236）：
① 3D 打印笔，彩色打印耗材。
②白色厚卡纸，铅笔，剪刀。
③透明玻璃瓶，长纸盒，托盘。

图 2-236　材料构成

（5）操作步骤：
①取出铅笔在白色卡纸上画出自己喜欢的蝴蝶图形（见图 2-237）。

图 2-237　画蝴蝶轮廓

②取出 3D 打印笔，选择一段喜欢的颜色的打印耗材，将其塞进 3D 打印笔末端的小孔内（图 2-238）。

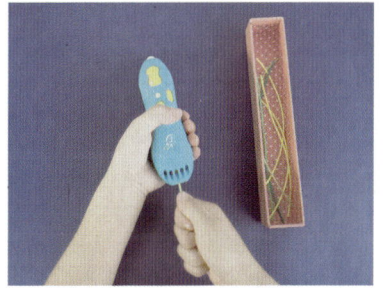

图 2-238　安装打印耗材

③开启打印笔，待绿灯长亮时，按动"开始"按钮，沿着蝴蝶的躯干轮廓打印（见图 2-239）。

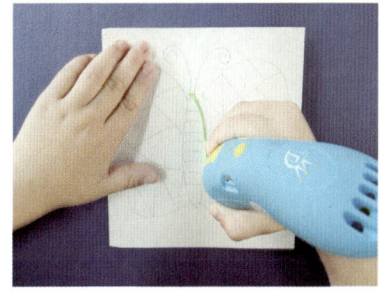

图 2-239　沿线条打印蝴蝶躯干

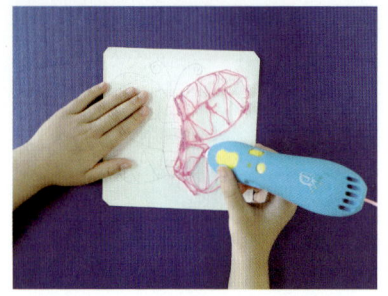

图 2-240　打印并装饰蝴蝶翅膀

④将蝴蝶躯干造型轻轻放到一侧，再用打印笔逐一将蝴蝶的翅膀轮廓打印出来并装饰细节（见图 2-240）。

图 2-241　检查并修补成型部位

⑤逐一检查与修补已打印成型的蝴蝶身体各部位（见图 2-241）。

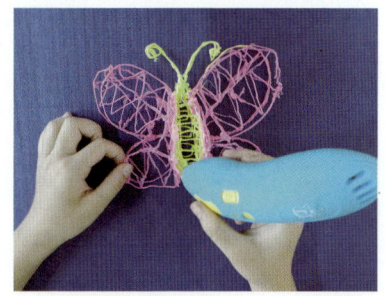

图 2-242　拼接蝴蝶

⑥将已打印成型的蝴蝶身体各部位组合，再用打印笔将其逐一连接，形成立体蝴蝶造型（图 2-242）。

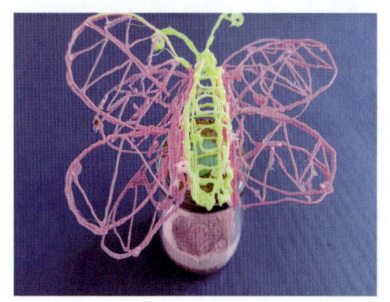

图 2-243　蝴蝶作品完成

⑦将成型的立体蝴蝶固定在透明玻璃瓶的盖子上，展示作品（见图 2-243）。

（6）适宜年龄：5—6岁。

（7）注意事项：教师要为幼儿提供低温充电式3D打印笔，以有效避免幼儿在操作过程中被烫伤。

（8）变化延伸：

①可与其他配件结合，打印钥匙扣、发卡等。

②可准备2～3支3D打印笔，让幼儿尝试多人合作创作打印。

（9）活动反思：

①对于初次尝试的幼儿，教师可为幼儿提供图形模板参考或引导幼儿从平面打印进阶到立体打印，帮助幼儿获得成功的体验。

②教师应重点提醒幼儿：在打印过程中，要将每一个部位内的线条或图案与边框相连接，这样才能形成一个整体；另外，将已打印成型的蝴蝶身体各部位立体组合连接时，需在连接处重复多次打印，才能使其牢固且不易脱落。

③教师要鼓励幼儿大胆想象和创作，引导幼儿在观察、欣赏作品的基础上理解对称的特点，尝试设计更多轴对称、中心对称的造型和作品。

案例 2-31

（1）活动名称：鱼乐图。

（2）活动目标：

①感受国画中小鱼轻盈的体态和自由愉快的意境，激发对国画艺术的兴趣。

②了解水墨画中鱼的表现特点及绘画方法。

③尝试用毛笔在折扇上绘制鱼乐图水墨画。

（3）材料解读：

①所提供的颜料为国画颜料，具有色彩丰富，容易在宣纸上着色的特点。

②可提供三山或五山形笔托，以便于幼儿更换不同型号的毛笔。

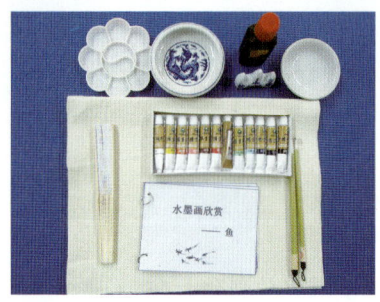

图 2-244 材料构成

（4）材料构成（见图 2-244）：

①空白折扇，鱼的国画作品小书。

②国画颜料，墨汁，毛笔，调色盘，墨碟。

③笔洗，毡布，笔托，湿毛巾。

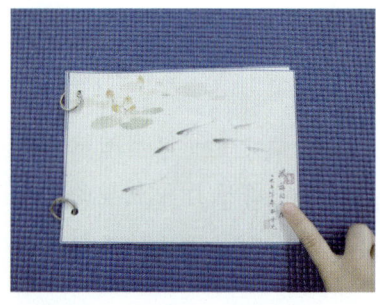

图 2-245 欣赏作品小书

（5）操作步骤：

①欣赏鱼的国画作品小书，观察小鱼在画面中的不同形态特点（见图 2-245）。

图 2-246 取出材料

②从材料中取出毡布、颜料以及各种作画工具，并将其逐一整齐地摆放在操作毯上（见图 2-246）。

图 2-247 倒出墨汁

③拧开墨瓶盖子，向墨碟中倒入少量墨汁（见图 2-247）。

④用毛笔蘸取墨汁后先按后拖，然后轻轻提笔，在折扇上画出小鱼身体的形态（见图2-248）。

图2-248　画出小鱼身体

⑤取小号狼毫笔，蘸取墨汁后在小鱼身体两侧分别添画鱼眼和鱼鳍等细节（见图2-249）。

图2-249　添画鱼眼、鱼鳍

⑥将少许绿色国画颜料挤在调色盘中，用毛笔蘸取颜料后在折扇的空白处添画水草图案（见图2-250）。

图2-250　添画水草

⑦完成操作后，将作品放到阴凉处晾干，与同伴共同欣赏作品（见图2-251）。

图2-251　欣赏作品

（6）适宜年龄：5—6岁。

（7）注意事项：

①幼儿操作此份材料前需有使用毛笔的前期经验，知道毛笔的正确握笔及运笔方法。

②教师要提醒幼儿在折扇上作画时，需把折扇尽量打开铺平后再操作。

（8）变化延伸：

①可提供多种载体（如团扇、卷轴等），以丰富幼儿不同的绘画体验。

②可引导幼儿从单色的水墨画画起，再到多色彩的水墨画。

③可引导幼儿尝试选用传统水墨画中的其他经典图案进行创作。

（9）活动反思：

①教师为激发幼儿参与的兴趣，以幼儿熟悉的事物——鱼为切入点，以立体化的折扇为载体，促进了幼儿对中国独特的水墨画艺术形式的了解。

②在学习水墨画前，教师可在班级中饲养几条小金鱼，引导幼儿在平日里观察小鱼的游动形态，同时，通过欣赏鱼的国画作品，感受图画的灵动与意境美，待幼儿有一定的观察经验后，再创作。

③教师可为初次尝试的幼儿提供宣纸，并指导幼儿在宣纸的空白处上练习绘画。

第二节　音乐区

本节介绍的音乐区材料，是深圳市莲花二村幼儿园借鉴西方优秀的课程理念及课程模式，在十多年园本区域课程建构过程中，为落实《纲要》与《指南》的要求，实现区域课程全面园本化、本土化而设计和制作的。在本节中，我们将为读者提供适合小、中、大班幼儿操作的音乐区材料及活动实例，从设计思路、材料导航、具体实物照片和操作方法等方面，对每一份材料进行详细的解析。

一、小班音乐区

小班幼儿刚从家庭进入集体生活，音乐能帮助其较好地缓解入园焦虑，因此，小班音乐区内投放的材料，主要是为了使幼儿体验音乐情感和培养音乐兴趣。在介绍小班音乐区时，我们选取了深圳市莲花二村幼儿园17年区域探索成果中的精华，荟萃了我园在园本化、本土化材料设计和制作的优秀案例，向读者展示如何在小班音乐区初始阶段投放材料，从而激发初入园的幼儿进入音乐区进行体验和操作的兴趣，并初步培养幼儿良好的音乐素养。

（一）小班音乐区设计思路

小班幼儿在入园前多数没有系统的音乐学习经历，因此在设计小班音乐区材料时，教师的首要目标是激发幼儿对音乐的兴趣。教师可利用生活中常见的乐器、图片、播放器等作为活动设计的材料，同时在材料中加入情境操作，让熟悉的音乐和有趣的情境激发幼儿的兴趣，使其获得相关的音乐知识和经验。

（二）小班音乐区活动导航

从小班音乐区活动导航图（见图2-252）可以看出，教师主要通过设计体验类和情境类的材料，丰富幼儿对不同声音的听觉体验，使其感受音乐趣味，掌握最基本和简单的乐器知识等，为幼儿在中班阶段乐于参与音乐区活动并尝试乐器演奏等奠定基础。

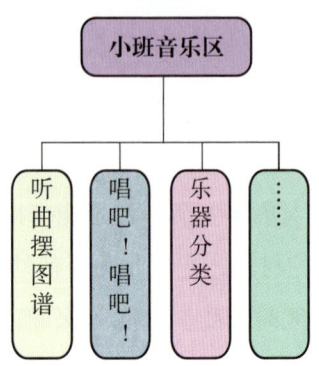

图 2-252　小班音乐区活动导航图

（三）小班音乐区材料案例

案例 2-32

（1）活动名称：听曲摆图谱。

（2）活动目标：

①感受歌曲传达的愉快情绪，乐于参加音乐欣赏活动。

②熟悉歌曲旋律，感知歌词中鸡蛋数量的变化。

③尝试用听歌摆图的方式来表现对歌曲的理解。

（3）材料解读：

①购买音质好、音量适宜的小型 MP3 播放器，以便于幼儿操作。

②根据歌词内容设计两套歌曲图谱：完整的图谱用于幼儿欣赏，单幅图谱用于幼儿操作。

③在操作图谱上用魔术贴的方式粘贴小鸡，以增加活动的趣味性。

（4）材料构成（见图 2-253）：

①《母鸡孵蛋》图谱，小鸡图卡，MP3 音乐播放器，耳机。

②托盘，小竹筐。

图 2-253 材料构成

（5）操作步骤：

①取出 MP3，插上耳机，完整欣赏歌曲《母鸡孵蛋》（见图 2-254）。

图 2-254 取出 MP3，欣赏歌曲

②取出完整的《母鸡孵蛋》图谱，观察母鸡孵蛋的场景（见图 2-255）。

图 2-255 观看图谱

③边观看图谱，边欣赏歌曲，数一数鸡妈妈每次孵几个蛋（见图 2-256）。

图 2-256 看图并再次欣赏歌曲

图 2-257　取出操作图谱

④取出操作图谱，对应地摆放到完整图谱的下方，观察它们有哪些不同（见图2-257）。

图 2-258　取出小鸡图卡

⑤将小鸡图卡取出来（见图2-258）。

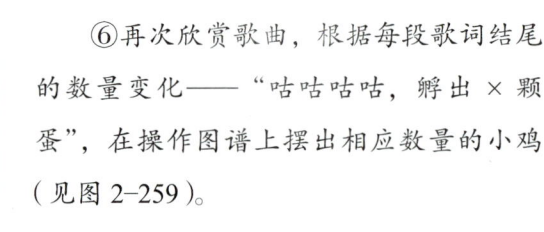

⑥再次欣赏歌曲，根据每段歌词结尾的数量变化——"咕咕咕咕，孵出×颗蛋"，在操作图谱上摆出相应数量的小鸡（见图2-259）。

图 2-259　边听边摆小鸡

图 2-260　再次完整欣赏

⑦最后，完整欣赏一遍音乐并逐一检查每幅图的小鸡数量是否摆放正确（见图2-260）。

（6）适宜年龄：3—4岁。

（7）错误控制：两套歌曲图谱上的颜色标志一致；单幅图谱上的魔术贴数量与歌词中的小鸡数量对应。

（8）注意事项：教师要提醒幼儿轻轻取下图谱上的小鸡，避免魔术贴脱落。

（9）变化延伸：

①在熟悉歌曲的基础上，教师可引导幼儿尝试创编歌词。

②教师可增加游戏情节，如：两名幼儿合作，一人唱歌，另一人听曲摆图谱；用角色扮演的形式"演"歌曲。

（10）活动反思：

①这份材料选用了贴近幼儿生活的歌曲《母鸡孵蛋》，这首歌曲生动有趣，旋律反复，母鸡孵蛋的情景和数量的变化对小班幼儿极具吸引力，幼儿对此材料表现出持续和浓厚的兴趣。

②在音乐活动中，教师常常会提供小型的MP3播放器帮助幼儿欣赏歌曲或乐曲，虽然这种播放器操作简单，但能力较弱的幼儿仍然存在一定的操作困难。因此，教师在活动前应引导幼儿了解播放器的开关位置以及正确的使用方法。

③教师提供了耳机，旨在使幼儿专注地欣赏及避免干扰和影响其他幼儿的活动，但在操作过程中，教师仍需注意提醒幼儿MP3的音量不宜过大、使用耳机的时间不宜过长等。

案例 2-33

（1）活动名称：唱吧！唱吧！

（2）活动目标：

①体验自由点唱和与同伴一起演唱的乐趣。

②了解在平板电脑上播放歌曲及点歌演唱的方法。

③能跟着音乐合拍地演唱歌曲。

（3）材料解读：

①准备一台平板电脑，里面储存8～10首适合小班幼儿演唱的歌曲。

图 2-261　材料构成

②选择操作简便的蓝牙音箱，并在活动前将其与平板电脑的蓝牙相连接。

③准备一次性的麦克风套，确保卫生。

（4）材料构成（见图 2-261）：

①蓝牙音箱，麦克风及一次性麦克风套，平板电脑。

②托盘。

图 2-262　取出平板电脑，打开开关

（5）操作步骤：

①取出平板电脑，开机后点开"唱吧！唱吧！"主页面（见图 2-262）。

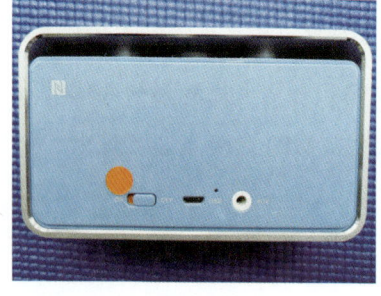

图 2-263　打开蓝牙音箱

②打开蓝牙音箱（见图 2-263）。

图 2-264　滑动屏幕，了解歌曲

③用手指轻轻滑动屏幕，查看平板电脑预存的歌谱有哪些（见图 2-264）。

④选择自己喜欢的歌曲,点击页面上的麦克风图标,播放并欣赏歌曲(见图2-265)。

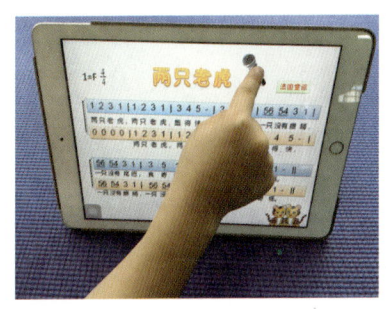

图 2-265　欣赏歌曲

⑤打开麦克风开关并套上一次性套子(见图2-266)。

图 2-266　套上麦克风套

⑥尝试伴随音乐、看着歌谱演唱歌曲(见图2-267)。

图 2-267　尝试演唱

⑦邀请同伴一起演唱(见图2-268)。

图 2-268　邀请同伴一起演唱

（6）适宜年龄：3—4岁。

（7）错误控制：蓝牙音箱的开关处有一个橙色圆点；麦克风的开关上有绿色小灯，灯亮时表示麦克风已接通。

（8）注意事项：

①活动前，教师要注意检查蓝牙音箱与平板电脑是否连接成功。

②活动结束时，教师要提醒幼儿将设备一一关闭，此外，教师还要及时为设备充电。

（9）变化延伸：

①可增加录音设备，将幼儿演唱的歌曲录制下来。

②可结合节日主题活动，在班级开卡拉OK演唱会。

（10）活动反思：

①小班幼儿喜欢听音乐，但往往会因为不够熟悉歌曲或缺乏自信而不愿意开口演唱。因此，教师应通过营造温馨的自由演唱空间，鼓励幼儿从自己演唱到邀请同伴合唱，再到在集体面前大胆展示，从而使他们在一次次的活动中获得自信和成长。

②小班幼儿的发声器官正处于发育初期，在演唱时，教师要注意纠正幼儿大声喊叫的演唱方法，提醒他们用自然的声音演唱，并适当控制演唱的音量和时间，培养幼儿良好的用嗓习惯和审美能力。

③在幼儿邀请同伴合唱时，偶尔会出现小"麦霸"，教师要注意培养幼儿唱卡拉OK的礼仪，建议幼儿采用轮流的方式演唱。

案例2-34

（1）活动名称：乐器分类。

（2）活动目标：

①萌发对各种乐器的探究兴趣。

②了解几种常见的乐器，知道其名称及外形特征。

③尝试根据乐器的不同演奏形式进行分类。

（3）材料解读：

①选择几种外形小巧精致，容易辨认的仿真乐器，以引起幼儿操作的兴趣。

②根据所选乐器制作一本乐器小书，以便于幼儿阅读和了解。

（4）材料构成（见图2-269）：

①乐器小书，键盘类、弦乐类、管乐类乐器，分类标记卡。

②托盘，精致琴盒，便签座。

（5）操作步骤：

①将各种乐器散放在操作毯上（见图2-270）。

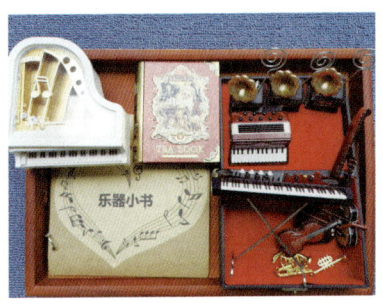

图 2-269　材料构成

图 2-270　取出各种乐器

②翻阅乐器小书，了解各种乐器的名称和外形特征（见图2-271）。

图 2-271　翻阅小书，认识乐器

③翻开乐器小书的第一页，根据小书的提示取出钢琴并进行观察（见图2-272）。

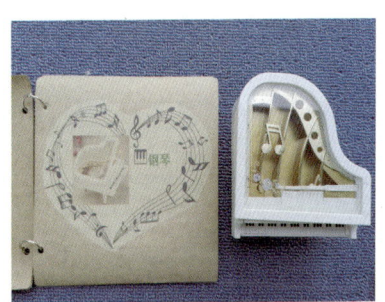

图 2-272　看图取钢琴

图 2-273 取出所有乐器

④按上述方法逐一将乐器摆放好(见图 2-273)。

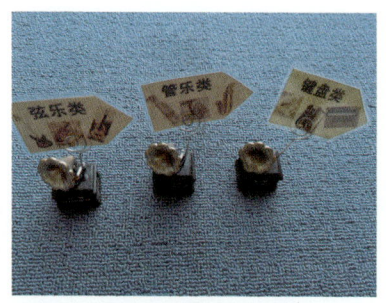

图 2-274 取出分类标记卡

⑤取出乐器分类标记卡(见图 2-274)。

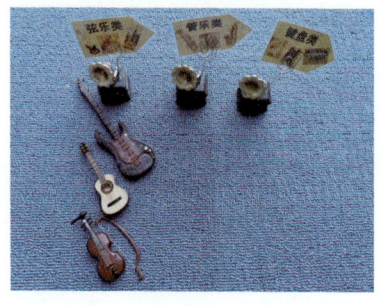

图 2-275 摆放好弦乐类乐器

⑥根据标记卡的提示,将弦乐类乐器摆放在对应标记卡的下方(见图 2-275)。

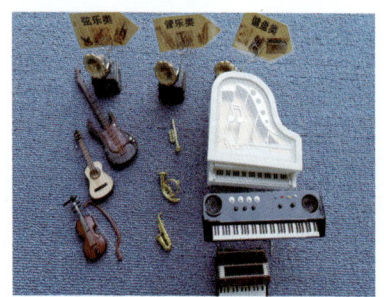

图 2-276 完成乐器分类

⑦按标记卡摆放全部乐器,完成乐器分类(见图 2-276)。

（6）适宜年龄：3—4岁。

（7）错误控制：分类标记卡上有各类乐器的图片。

（8）注意事项：在幼儿的操作过程中，教师应提醒幼儿不要将管乐类乐器放到嘴里吹奏，并注意爱惜操作材料。

（9）变化延伸：

①可为幼儿提供介绍乐器的视频，以供幼儿欣赏。

②可引导幼儿认识更多的乐器（如中国民族乐器），以拓展幼儿对乐器的认知。

（10）活动反思：

①为进一步激发幼儿对活动的兴趣，教师可建议家长利用周末或假期带幼儿去参加音乐会或参观琴行等，引导幼儿感知各种乐器的形状和名称，丰富幼儿的乐器知识，提升其生活经验。

②教师在指导过程中应注意引导幼儿找出同类乐器之间的共同之处（比如键盘类乐器都有黑白键盘、管乐类乐器都有吹奏的管子等）。幼儿找到规律后再进行分类，这样操作起来就会比较容易。

二、中班音乐区

在介绍中班音乐区时，我们选取了深圳市莲花二村幼儿园17年区域探索成果中的精华，荟萃了我园在园本化、本土化材料设计和制作中的优秀案例，向读者展示如何在中班音乐区投放承上启下的材料，既促使幼儿在小班基础上有进一步的发展，又为将要进入大班的幼儿的音乐区探索打下坚实基础。

（一）中班音乐区设计思路

刚进入中班的幼儿已经能够愉快地参与音乐区活动，能基本独立、完整地演唱熟悉的歌曲，能初步感知、理解韵律动作与音乐的关系，并尝试具有创造性的动作表现。因此在中班音乐区的设计中，教师应该在提升幼儿兴趣的基础上，通过多样化的活动帮助幼儿获得更加体系化的音乐知识和经验。例如，了解知名音乐家及其国家等常识，能分辨差别较明显的声音高低、快慢、强弱等特征，能通过即兴哼唱、即兴表演或给熟悉的歌曲编词来表达自己的心情，能用拍手、踏脚等身体动作或敲击物品等敲打节拍和基本节奏等。

（二）中班音乐区活动导航

从中班音乐区活动导航图（见图2-277）可以看出，教师通过提供丰富的音乐区材料和操作方式，吸引幼儿积极参与音乐区活动材料探究，丰富幼儿对音乐的多种感官经验，深化幼儿对音乐知识的了解，提升幼儿歌唱、律动、乐器演奏、欣赏的能力。

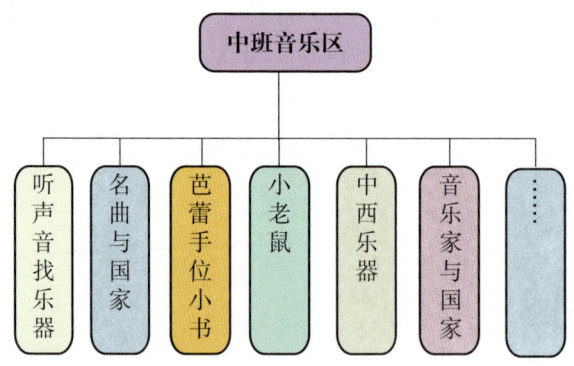

图2-277 中班音乐区活动导航图

（三）中班音乐区材料案例

案例2-35

（1）活动名称：听声音找乐器。

（2）活动目标：

①乐意与同伴玩听音游戏。

②感知几种乐器的不同音色，了解常见打击乐器的名称及击打方法。

③能初步感知和辨别各种常见打击乐器的音色。

（3）材料解读：

①通过蒙眼猜乐器的形式，吸引幼儿操作的兴趣。

②根据提供的乐器设计和制作一本可折叠的乐器小书，以便于幼儿阅读。

（4）材料构成（见图 2-278）：

①响板，三角铁，沙锤，手鼓，鼓槌，眼罩，乐器小书。

②布袋，小方篮，托盘。

图 2-278　材料构成

（5）操作步骤：

①观看乐器小书，认识几种乐器的形状及名称（见图 2-279）。

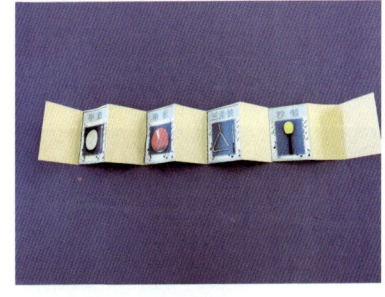

图 2-279　观看乐器小书

②从布袋中取出沙锤，轻轻摇一摇，感知沙锤的音色（见图 2-280）。

图 2-280　轻轻摇一摇

图 2-281　将沙锤对应摆放

③将沙锤对应摆放在乐器小书的下方，并说"这是沙锤"（见图 2-281）。

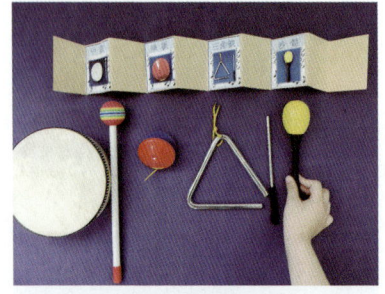

图 2-282　认识所有乐器

④依次认识其他乐器，说出它们的名称，并将其对应摆放在小书下方（见图 2-282）。

图 2-283　逐一演奏乐器

⑤逐一演奏乐器，感受每件乐器不同的音色（见图 2-283）。

图 2-284　听声音猜乐器

⑥邀请同伴玩游戏：一人演奏乐器，另一人戴上眼罩并猜一猜是什么乐器（见图 2-284）。

⑦再次游戏：一人说乐器名称，另一人找到乐器并将其摆放在小书下方（见图2-285）。

图 2-285　听名称放乐器

（6）适宜年龄：4—5岁。

（7）错误控制：乐器实物与乐器小书的图片一致。

（8）注意事项：教师要注意培养幼儿良好的乐器使用常规和爱惜材料的习惯。

（9）变化延伸：

①可增加乐器演奏的节奏图谱，幼儿尝试边看图谱边演奏。

②可鼓励幼儿与同伴合作创编节奏图谱，为歌曲即兴伴奏。

（10）活动反思：

①这份材料适合在中班上学期投放。幼儿在小班的音乐活动中已经认识了一些简单的乐器，有了初步的乐器演奏经验。此时，教师可同时投放几种音色和打击方法有较大区别的乐器，引导幼儿对比，并通过与同伴一起游戏、共同设计节奏为歌曲伴奏等，有效培养幼儿的听音辨音能力和节奏感知能力，并体验合作演奏的快乐。

②这几种打击乐器分别采用摇、敲、压的方法进行演奏，既可以增强幼儿的演奏技巧，又可以锻炼幼儿手部肌肉的力量和灵活性，教师可引导幼儿反复探索，熟练掌握使用方法。

③在幼儿与同伴合作演奏时，教师可建议增加一名小指挥，以此来保持小乐队稳定的节拍和音色的和谐。

案例 2-36

（1）活动名称：名曲与国家。

（2）活动目标：

①萌发对名曲的兴趣，积极参与探索与名曲相关的音乐活动。

②了解经典名曲的名称，知道它们是哪个国家的著名乐曲。

③能尝试将各首名曲的国家名称与国旗图案相匹配。

（3）材料解读：

①利用废旧智能手机，选取三首幼儿耳熟能详的世界名曲，重新编名后存储在微信文件传输助手中，以便于幼儿操作。

②选用木质小建筑做底座，并在上面粘贴国家的名称，既能增加操作材料的趣味性，又能起到引导操作的作用。

（4）材料构成（见图 2-286）：

①旧手机，曲名文字卡，国旗，国家名称底座。

②托盘，精美盒子。

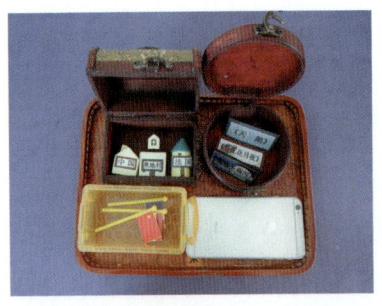

图 2-286　材料构成

（5）操作步骤：

①从托盘中取出曲名文字卡，看一看有哪几首名曲（见图 2-287）。

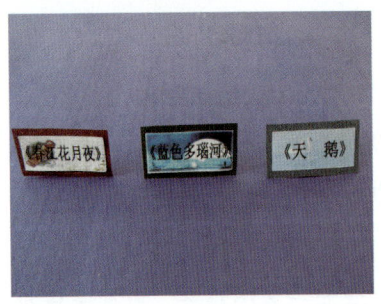

图 2-287　取出曲名文字卡

②打开微信文件传输助手,点击并播放第一首曲子《春江花月夜》(见图2-288)。

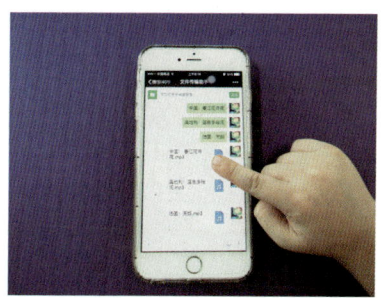

图2-288　欣赏《春江花月夜》

③取出贴有国家名称的房子底座,将国旗散放在房子下方(见图2-289)。

图2-289　取出国家和国旗

④找到中国国旗,插在贴有"中国"字样的房子上(见图2-290)。

图2-290　插上中国国旗

⑤找出《春江花月夜》的曲名文字卡,对应摆放在中国国旗下方(见图2-291)。

图2-291　将曲名文字卡与国家对应

⑥依此方法，继续欣赏奥地利名曲《蓝色多瑙河》（见图2-292）。

图2-292　欣赏《蓝色多瑙河》

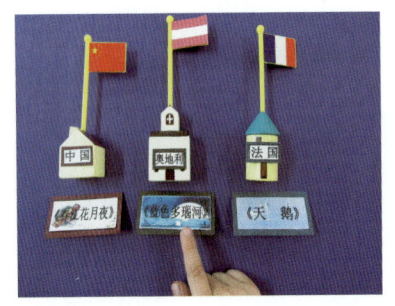

⑦全部欣赏完后，说说每首曲子分别是哪个国家的作品（见图2-293）。

图2-293　说说名曲与国家

（6）适宜年龄：4—5岁。

（7）错误控制：同一国家的名称、曲名文字卡用相同颜色的底板；国旗背面有国家的名称。

（8）注意事项：教师要提醒幼儿用适宜的音量、完整地欣赏乐曲。

（9）变化延伸：

①提供纸、笔、乐器、道具等，引导幼儿用多种形式表达对乐曲的感受和理解。

②以不同的乐器为主题，提供钢琴、小提琴、二胡等演奏的名曲，以供幼儿欣赏。

（10）活动反思：

①进入中班后，随着音乐经验的不断丰富，幼儿渴望深入了解经常听到的音乐，包括它们的名称、来自哪个国家、使用的乐器等。针对幼儿的学习兴趣，教师设计了此份操作材料，引导幼儿在欣赏名曲、操作材料的过程中，

陶冶自身的审美情趣，建立起名曲与国家、国旗的对应关系，增强自身对相关音乐的认知。

②中班幼儿的专注力虽然有所提高，但仍然存在持续时间不长、容易受外界干扰等特点。因此，教师在处理音乐作品时，要节选出主旋律部分，还要注意时间的把握，每首作品的时长最好控制在 2 分钟内，然后将其重新编名并储存到手机上。

案例 2-37

（1）活动名称：芭蕾手位小书。

（2）活动目标：

①萌发对芭蕾舞的兴趣，感受优美舞姿展现的优雅气质。

②了解芭蕾舞中七个基本手位的名称及动作要领。

③尝试模仿芭蕾手位并敢于在同伴面前大胆表现，增强自信心。

（3）材料解读：

①购买一个可旋转的音乐盒和一个手部各关节可灵活转动的芭蕾娃娃，将芭蕾娃娃固定在音乐盒上。

②制作一本芭蕾手位小书与手机下载的芭蕾手位组合练习的视频相结合，帮助幼儿更直观地认识。

（4）材料构成（见图 2-294）：

①芭蕾手位小书，芭蕾娃娃，平板电脑。

②托盘。

图 2-294　材料构成

图 2-295　欣赏芭蕾手位视频

（5）操作步骤：

①打开平板电脑并播放视频，欣赏芭蕾手位组合练习的视频（见图 2-295）。

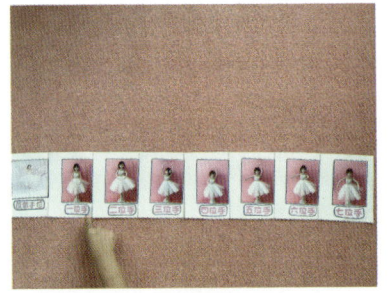

图 2-296　认识芭蕾手位

②翻阅芭蕾手位小书，了解芭蕾手位的不同名称和位置（见图 2-296）。

图 2-297　摆一位手

③取出芭蕾娃娃，为其摆出一位手（见图 2-297）。

图 2-298　对照小书，调整手位

④对照小书，调整芭蕾娃娃的一位手手位（见图 2-298）。

⑤转动芭蕾娃娃的音乐盒底座，欣赏芭蕾一位手旋转的优美姿态（见图2-299）。

图 2-299　转动音乐盒

⑥对照小书摆出二位手，再转动音乐盒，欣赏芭蕾二位手姿态（见图2-300）。

图 2-300　摆二位手

⑦依此方法完成全部手位（见图2-301）。

图 2-301　完成芭蕾全部手位

（6）适宜年龄：4—5岁。

（7）错误控制：芭蕾手位小书上有每个手位的图片提示。

（8）注意事项：音乐盒属于发条类玩具，在幼儿的操作过程中，教师要注意观察幼儿的使用情况，提醒幼儿在转动音乐盒时，将发条轻轻上紧即可，不要用太大力量操作，以免拉断发条。

（9）变化延伸：

①讲述芭蕾舞演员的故事,感受他们对舞蹈的热爱和坚持的勇气。

②欣赏《天鹅湖》《胡桃夹子》等著名芭蕾舞剧的视频。

(10)活动反思:

①芭蕾舞是一种高雅的艺术形式,对培养幼儿的艺术感受力和表现力有重要的作用。在这份材料的设计中,教师将芭蕾娃娃作为载体,巧妙地将其与音乐盒相结合,增加了材料的动感,给予了幼儿极大的视觉冲击和听觉享受。幼儿通过简单的操作,既能初步了解芭蕾的几个基本手位,又能轻松地享受芭蕾艺术之美。

②在模仿学习的过程中,幼儿受动作发展、兴趣爱好的影响,模仿的姿态各异,动作不一,教师应该明确此活动重在感受和表现,不应强求幼儿的每个动作都能做到位,而应提供温馨的物质环境和安全的心理氛围,鼓励幼儿大胆地表达和表现。

案例 2-38

(1)活动名称:小老鼠。

(2)活动目标:

①萌发对音阶铁琴的兴趣,乐意参与乐器演奏活动。

②感知音阶铁琴的结构和音色,了解它的基本演奏方法。

③能尝试对照歌谱完整地演奏歌曲。

(3)材料解读:

①音阶铁琴小巧精致,采用形象的阶梯方式排列音高,能帮助幼儿理解音的高低;另外,琴片上标有音名和唱名,可帮助幼儿更直观地认识。

②在歌曲《小老鼠》的简谱上方绘制详细的铁琴曲谱,便于幼儿操作。

（4）材料构成（见图2-302）：

①音阶铁琴，琴棒，自制铁琴卡，《小老鼠》歌谱，歌谱架。

②托盘，布袋，长纸盒。

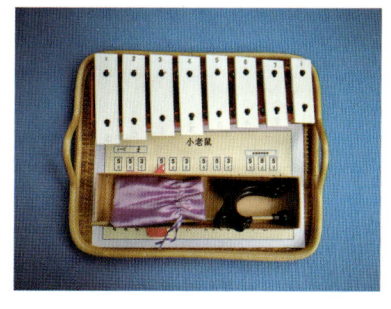

图2-302　材料构成

（5）操作步骤：

①取出音阶铁琴自由演奏，聆听美妙的上行音阶和下行音阶（见图2-303）。

图2-303　自由演奏音阶并聆听

②取出铁琴卡3、5、6、i，摆放在音阶铁琴对应的位置（见图2-304）。

图2-304　摆放铁琴卡

③保留3、5、6、i四个音，将其他铁琴片从音阶铁琴上取下来（见图2-305）。

图2-305　取下其他铁琴片

图 2-306 演奏 3、5、6、i

④边敲边唱 3、5、6、i 四个音，熟记它们的位置（见图 2-306）。

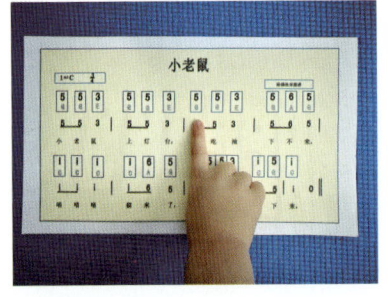

图 2-307 指一指，唱一唱

⑤取出《小老鼠》歌谱，指一指，唱一唱（见图 2-307）。

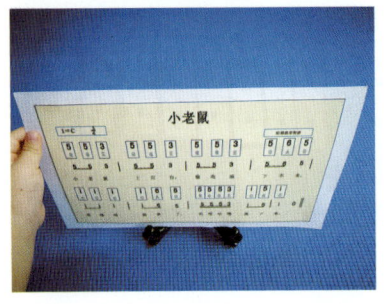

图 2-308 摆放好歌谱

⑥把《小老鼠》歌谱摆放在歌谱架上（见图 2-308）。

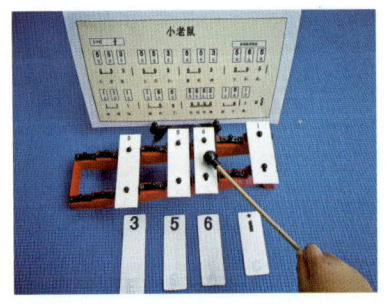

图 2-309 完整演奏

⑦看着歌谱边唱边敲击，尝试对照歌谱完整地演奏歌曲（见图 2-309）。

（6）适宜年龄：4—5岁。

（7）错误控制：音阶铁琴、《小老鼠》歌谱及铁琴卡上均有一致的音名和唱名标志。

（8）注意事项：教师要引导幼儿熟悉歌谱后再尝试根据歌谱演奏。

（9）变化延伸：

①逐步增加难度，鼓励幼儿尝试五个音或五个音以上的歌谱（如《摇篮曲》《哈巴狗》等）。

②与其他乐器一起演奏或做游戏。

（10）活动反思：

①《小老鼠》歌词简单、曲调活泼生动，是幼儿熟悉的游戏童谣之一，再加上音阶铁琴本身设计得巧妙，声音清脆动听，能形象地表达小老鼠偷偷爬上灯台和叽里咕噜滚下灯台的情景。经典的歌曲配以精巧的乐器，使得这份材料深受幼儿喜爱。

②幼儿在操作过程中不仅需要手眼协调、手指灵活，同时还要有简单的歌谱知识，这对于中班幼儿来说有一定的难度。因此，教师在指导过程中，应该注意观察并给予幼儿及时和有针对性的指导，引导幼儿循序渐进地探索演奏方法和技巧，顺利地完成演奏并收获成功的喜悦。

③在幼儿的演奏过程中，教师要注意培养幼儿良好的乐器使用常规，提醒幼儿轻拿轻放，用双手取放铁琴片，遇到困难及时求助，以免损坏乐器。

案例 2-39

（1）活动名称：中西乐器。

（2）活动目标：

①喜欢比较中西乐器的异同，萌发对乐器的探索兴趣。

②熟悉几种中西乐器的名称，了解其基本外形特征与演奏方法。

③能结合生活经验对中西乐器进行分类。

（3）材料解读：

①选用较常见的中国和西方具有代表性的仿真乐器，贴近幼儿生活，更

图 2-310 材料构成

图 2-311 取出乐器

图 2-312 观察乐器分类卡

图 2-313 说说各种乐器的名称

能引起幼儿的兴趣。

②乐器分类卡和图文名称卡的边框分别选用具有中西风格的图案,让幼儿更直观地感受中西文化的特色。

(4)材料构成(见图2-310):

①中西乐器分类卡,乐器名称卡,中西仿真乐器。

②托盘,小方盒,布袋,百宝箱。

(5)操作步骤:

①边观察边将乐器逐一取出来(见图2-311)。

②观察中西乐器分类卡,了解乐器的分类(见图2-312)。

③逐一感知各种乐器,说出它们的名称及演奏方法,如"这是钢琴,它是弹奏的乐器"(见图2-313)。

第二章 艺术区材料案例

④按照中西乐器的分类方法,将钢琴摆放在西洋乐器分类卡的下方(见图2-314)。

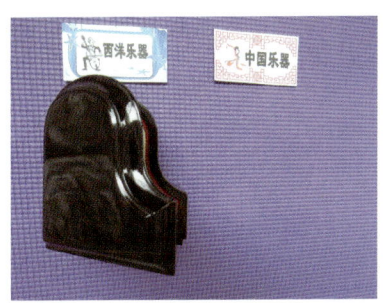
图 2-314　中西乐器分类

⑤将乐器名称卡取出来散放在操作毯上(见图2-315)。

图 2-315　取出乐器名称卡

⑥找到钢琴的名称卡,将其摆放在钢琴的左侧(见图2-316)。

图 2-316　匹配钢琴名称

⑦依此方法对所有乐器进行分类,并分别说出乐器的名称(见图2-317)。

图 2-317　完成中西乐器分类

（6）适宜年龄：4—5岁。

（7）错误控制：乐器名称卡和分类卡的边框一致；名称卡上配有乐器实物图。

（8）注意事项：乐器中月琴与琵琶、大提琴与小提琴较为类似，教师需重点引导幼儿观察和辨认。

（9）变化延伸：

①按照其他方法对乐器进行分类，如可将乐器分为管乐器、弦乐器、打击乐器等。

②引导幼儿欣赏由中西乐器组合演奏的交响音乐会。

（10）活动反思：

①为了培养幼儿对乐器的兴趣，教师可以在小班阶段尝试从最直观的演奏方式着手，引导幼儿了解粗浅的乐器分类知识。在幼儿进入中班后，教师即可用仿真乐器作为载体，开发设计乐器分类活动，旨在让幼儿通过操作与探索，了解更多的乐器知识，知道还可以从制作材料、发音原理、演奏方式等多种维度对乐器进行分类。

②材料中提供的个别乐器（如月琴和琵琶、大提琴和小提琴）相似度较高，在幼儿操作的过程中，教师可重点观察和引导，培养幼儿善于观察的良好品质。

案例 2-40

（1）活动名称：音乐家与国家。

（2）活动目标：

①萌发对世界著名音乐家的崇敬之情。

②了解著名音乐家，知道他们的国家以及代表作品。

③能够独立有序地将音乐家和相关的国家及作品一一对应。

（3）材料解读：

①将较厚的泡沫板切割成三个不同大小的圆形，按从小到大的顺序叠放在一起，中心用扣针扣紧，制作成可自由转动的蛋糕盘。

②粘贴六种颜色的硬卡纸，把每层蛋糕均匀地划分为六份，作为每位音乐家相关内容的错误控制。

（4）材料构成（见图 2-318）：

①三层蛋糕盘，音乐家图片、名字、代表作品卡及所属国家的国旗。

②托盘，精致小盒。

图 2-318　材料构成

（5）操作步骤：

①转动蛋糕盘，将同一颜色的蛋糕盘重叠在一起（见图 2-319）。

图 2-319　转动蛋糕盘

②观察音乐家的图片和名字，认识音乐家，并说出他们的名字（见图 2-320）。

图 2-320　说说音乐家的名字

③取出各国国旗，将其放到操作毯上（见图 2-321）。

图 2-321　取出各国国旗

图 2-322　将国旗与音乐家对应

④将中国国旗插在与"聂耳"同色的第二层蛋糕盘上（见图 2-322）。

图 2-323　取出代表作品卡

⑤取出著名音乐家的代表作品卡（见图 2-323）。

图 2-324　将作品卡与音乐家对应

⑥将《义勇军进行曲》图卡摆放到与"聂耳"同色的第三层蛋糕盘上（见图 2-324）。

图 2-325　完整地介绍各国音乐家

⑦以同样的方法，分别将其他音乐家所属国家的国旗及代表作品一一匹配（见图 2-325）。

(6)适宜年龄：4—5岁。

(7)错误控制：音乐家、代表作品的名称颜色与蛋糕盘的颜色一致；各国国旗背面也有同样颜色的名称。

(8)注意事项：

①教师要注意引导幼儿按照"音乐家的名字—国旗—代表作"有序操作。

②教师要提醒幼儿将国旗插到蛋糕盘预先留好的孔中。

(9)变化延伸：

①挑选自己喜欢的音乐家，了解其更多的音乐作品。

②认识其他的音乐家与国家。

(10)活动反思：

①在中班阶段，教师可设计两份与世界名曲有关的操作材料。从材料目标看，"名曲与国家"重在欣赏，"音乐家与国家"则侧重于音乐常识；从操作难度看，"音乐家与国家"更具挑战性。因此，教师可针对班级幼儿的情况，有计划地分时间或分层次投放材料。

②材料中的音乐家名字、国家和代表作品都用文字呈现，对于识字量较少的幼儿会比较困难，建议教师根据幼儿的个体差异，适当增减音乐家的数量，帮助每个幼儿顺利地完成探索活动，体验成功的喜悦。

③在操作过程中，有的幼儿会对音乐家的作品产生倾听的愿望，教师应予以满足，提供该作品供幼儿欣赏。

三、大班音乐区

在介绍大班音乐区时，我们选取了深圳市莲花二村幼儿园17年区域探索成果中的精华，荟萃了我园在园本化、本土化材料设计和制作中的优秀案例，向读者展示如何在大班音乐区提供丰富而有趣的材料，使大班幼儿通过音乐区活动的体验和探究，更好地提升对音乐的感知、理解以及创造性表达。

（一）大班音乐区设计思路

大班幼儿的主动性、专注力、理解力等学习品质已初步形成，教师在设计、投放大班音乐区材料时，应基于幼儿在中班阶段所获得的经验与基础，尊重幼儿的学习方式和特点，从歌唱、韵律活动、乐器演奏、欣赏四个方面设计内容丰富、形式有趣的音乐活动区域。教师可通过"有趣的五线谱"让幼儿进一步了解五线谱、高音、低音、强弱、节拍等乐理知识，也可通过"世界著名舞蹈"激发大班幼儿随音乐表现和创造的愿望等。大班音乐区材料的设计与投放，能很好地满足大班幼儿对歌唱、韵律活动、乐器演奏、欣赏的好奇与需求，从而提升幼儿音乐素养的发展。

（二）大班音乐区活动导航

从大班音乐区活动导航图（见图2-326）可以看出，教师通过多样化的音乐区活动方式（例如，通过绘画的方式表现自己听到的音乐，用手来"歌唱"，用按钟来奏乐等），让幼儿在既美好又有趣的音乐区活动中感知、体验、表达、欣赏与创作，以获得身体、精神、个性与社会性的良好发展。

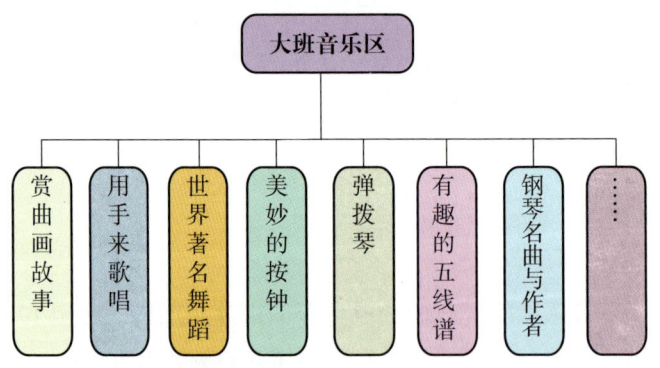

图 2-326　大班音乐区活动导航图

（三）大班音乐区材料案例

案例 2-41

（1）活动名称：赏曲画故事。

（2）活动目标：

①感受三种不同风格的乐曲所表达的情绪和意境。

②了解音乐并去探索和发现生活中的故事。

③能用绘画的方式大胆表现对乐曲的感受和理解。

（3）材料解读：

①选用三个贝斯形状的音乐播放器，各储存一首不同风格的乐曲，引起幼儿欣赏的兴趣。

②设计一套表情图卡，用于幼儿表达对乐曲的理解。

③用迷你乐谱架呈现乐曲名称，以增强幼儿操作的兴趣。

（4）材料构成（见图 2-327）：

①音乐播放器及耳机，表情卡，乐曲名称卡，乐曲名称贴纸，纸和笔。

②托盘，小盒子，大盒子。

图 2-327　材料构成

（5）操作步骤：

①取出一个播放器，插入耳机，欣赏乐曲《四小天鹅》（见图 2-328）。

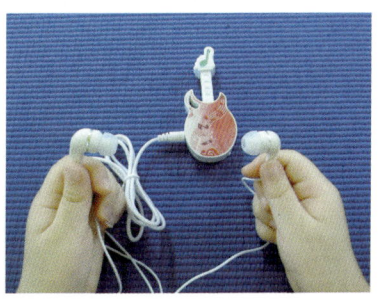

图 2-328　欣赏乐曲《四小天鹅》

图 2-329　取出表情卡

②将表情卡取出来观察并放在操作毯上（见图 2-329）。

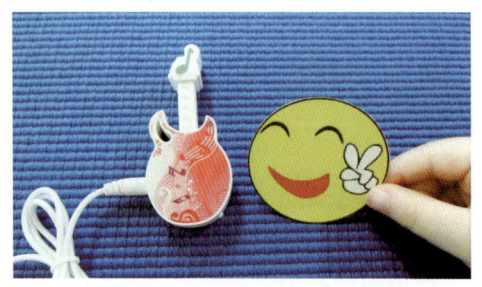

图 2-330　摆放欢快表情卡

③再次欣赏《四小天鹅》，根据自己的感受，将欢快表情的图卡摆放在播放器旁（见图 2-330）。

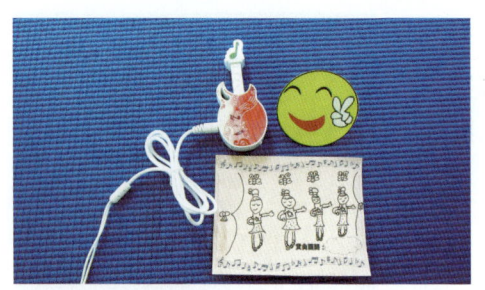

图 2-331　欣赏乐曲，画出故事

④取出纸和笔，一边欣赏，一边将自己对音乐的感受用绘画的方式表达出来（见图 2-331）。

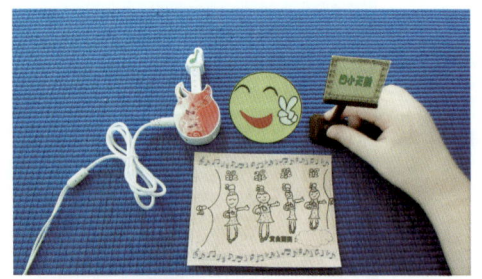

图 2-332　摆放乐曲名称卡座

⑤找到乐曲《四小天鹅》的名称卡座，摆放在播放器旁（见图 2-332）。

⑥将乐曲名称粘贴到绘制的音乐故事图画右下角（见图2-333）。

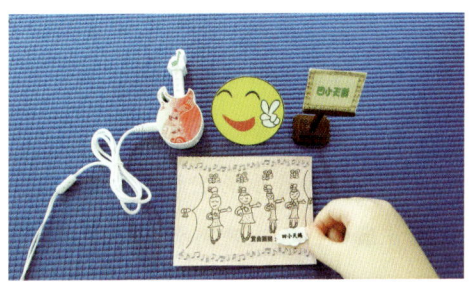

图2-333　粘贴乐曲名称

⑦依此方法欣赏其他两首乐曲，并画出不同的音乐故事（见图2-334）。

图2-334　完成其他乐曲的操作

（6）适宜年龄：5—6岁。

（7）错误控制：播放器上的音符颜色与乐曲名称的颜色对应。

（8）注意事项：在幼儿的操作过程中，教师应鼓励幼儿欣赏完音乐后，按自己的感受和理解用绘画的方式大胆表达，然后将图画与曲名相对应。

（9）变化延伸：

①鼓励幼儿用其他方式（如即兴舞蹈、乐曲演奏等）来表达对乐曲的感受。

②在班级开展"我的音乐故事"主题展览活动。

（10）活动反思：

①为了帮助大班幼儿在音乐欣赏的基础上感受及辨识不同类型和特点的音乐作品，教师设计并投放了这份材料，节选了三首形象鲜明的乐曲供幼儿欣赏，同时提供表情图卡、绘画材料，鼓励幼儿用多种形式充分表达对音乐的理解和感受，符合大班幼儿对音乐欣赏活动的需要。

②由于受环境、教育经历、个体情绪与爱好等因素的影响，不同的幼儿

对同一首乐曲或同一音乐形象的感受和理解会有所不同。在欣赏过程中，如果幼儿觉得教师提供的表情图卡不足以表达自己的感受，教师可适当增加几种表情供幼儿选择。

③幼儿对音乐的理解是由浅入深的，在活动中，教师要引导幼儿重复欣赏每首乐曲，深入理解作品的内涵，并根据幼儿的能力发展和兴趣爱好，帮助幼儿有选择性地进行欣赏，不必强求每首必听。

案例 2-42

（1）活动名称：用手来歌唱。

（2）活动目标：

①体会用手歌唱的乐趣。

②初步了解柯达伊手势，知道每种手势代表的唱名。

③尝试看图做手势并演唱简单的歌曲旋律。

（3）材料解读：

①设计一套直观清晰的柯达伊手势小图卡，注明每个手势的唱名，以便于幼儿辨认。

②将为儿童示范的柯达伊手势大图片制作成屏风，以便于幼儿了解手势的连续变化过程。

③挑选一首旋律简单重复的歌曲，在歌谱中粘贴两条可操作的魔术贴，以供幼儿反复操作。

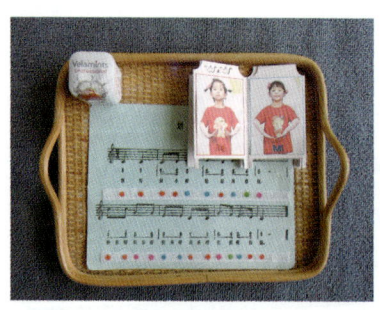

（4）材料构成（见图 2-335）：

①柯达伊手势屏风，小图卡，《划小船》歌谱。

②托盘，小盒子。

图 2-335　材料构成

第二章 艺术区材料案例

（5）操作步骤：

①打开屏风，观察柯达伊手势图，了解七个唱名分别用什么手势来表示（见图2-336）。

图 2-336 观察柯达伊手势

②从小盒子中取出柯达伊手势小图卡，摆放在操作毯上（见图2-337）。

图 2-337 取出手势小图卡

③按"Do—Re—Mi—Fa—Sol—La—Ti"的顺序找到小图卡，将图卡对应摆放在柯达伊手势屏风的下方（见图2-338）。

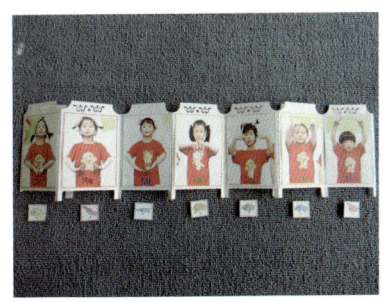
图 2-338 对应摆放小图卡

④按照屏风从左到右的顺序，尝试边唱边做手势动作（见图2-339）。

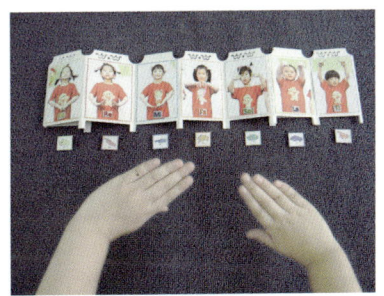
图 2-339 边唱边做手势

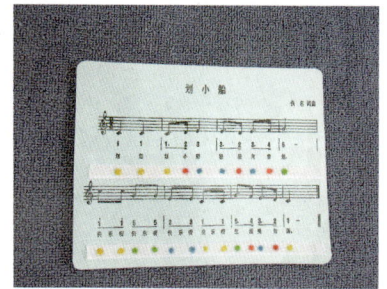

⑤取出《划小船》歌谱，唱一唱旋律和歌词（见图 2-340）。

图 2-340　对照歌谱唱一唱

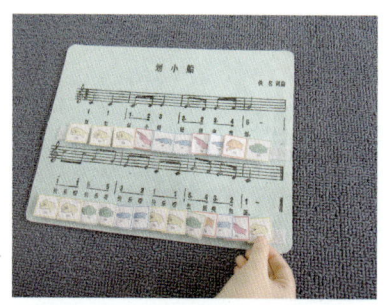

⑥对照歌曲简谱，将柯达伊手势小图卡依次粘贴到对应的位置（见图 2-341）。

图 2-341　将小图卡粘到歌谱上

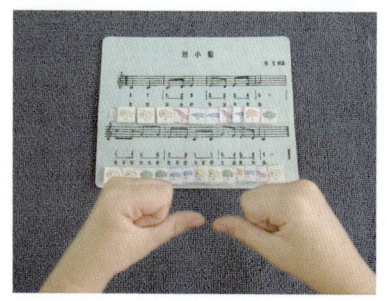

⑦看着完整的歌谱，尝试用柯达伊手势边唱旋律边做动作（见图 2-342）。

图 2-342　看歌谱，唱旋律，做动作

（6）适宜年龄：5—6 岁。

（7）错误控制：柯达伊手势小图卡边框的颜色与歌谱魔术贴圆点的颜色一致。

（8）注意事项：遇到幼儿不认识的唱名和不熟悉的手势动作，教师可与幼儿一起唱一唱，做一做。

(9)变化延伸：

①两人一组玩"你唱我做""我做你猜"等游戏，巩固对柯达伊手势的认识。

②在幼儿熟练掌握的基础上，多提供几首歌曲供幼儿选择。

(10)活动反思：

①柯达伊手势能帮助幼儿掌握音的高低，体会用不同方式来演唱歌曲的乐趣，因此，教师可以尝试借助于操作材料，将柯达伊手势大胆地运用到音乐区活动中。

②这份材料需要调动幼儿的手、眼、嘴等多种感官协调配合。材料中所选的歌曲最好是幼儿非常熟悉且能演唱的，这样才能使幼儿在操作过程中将注意力集中在看图和做动作上，更投入地体验和探索。

案例 2-43

(1)活动名称：世界著名舞蹈。

(2)活动目标：

①喜欢欣赏舞蹈，感受世界各地特色舞蹈的魅力。

②了解各种舞蹈的风格，熟悉基本舞步、节奏与情绪变化。

③了解各地特色舞蹈的风格特点及名称。

(3)材料解读：

①利用平板电脑，下载世界各个国家或地区具有代表性的舞蹈，并配上名称，如"爱尔兰——踢踏舞"。

②设计各国或地区的舞蹈图文卡和相应国家或地区的名称卡，用立体方式呈现，增强艺术感。

（4）材料构成（见图2-343）：

①平板电脑，国家或地区名称卡，舞蹈动作与名称图文卡。

②托盘，小篮子，小盘子，平板支架。

图2-343　材料构成

（5）操作步骤：

①取出踢踏舞图文卡，观察踢踏舞的特点（见图2-344）。

图2-344　取出踢踏舞图文卡

②架好平板电脑，播放踢踏舞视频，感受舞蹈的风格与魅力（见图2-345）。

图2-345　欣赏踢踏舞视频

③取出草裙舞图文卡，欣赏完该舞蹈视频后，将图文卡摆放在踢踏舞图文卡旁边（见图2-346）。

图2-346　欣赏草裙舞视频

④依次取出剩下的舞蹈图文卡，并欣赏舞蹈视频（见图2-347）。

图 2-347　依次欣赏其他舞蹈

⑤取出各个舞蹈的国家或地区名称卡（见图2-348）。

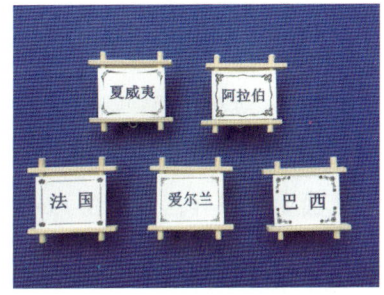

图 2-348　取出国家或地区名称卡

⑥踢踏舞是爱尔兰民间舞蹈，找到爱尔兰名称卡并将其摆放在舞蹈图文卡下方（见图2-349）。

图 2-349　将踢踏舞与爱尔兰对应

⑦依次找到各个国家或地区对应的舞蹈名称（见图2-350）。

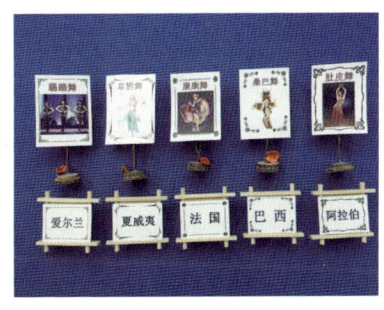

图 2-350　依次完成对应

（6）适宜年龄：5—6岁。

（7）错误控制：舞蹈图文卡与国家或地区名称卡的装饰边框一致。

（8）注意事项：教师要注意协助有需要的幼儿完成平板电脑的操作并及时为平板电脑充电。

（9）变化延伸：

①鼓励幼儿与同伴合作，一人模仿舞蹈动作，另一人猜是哪个国家或地区的舞蹈。

②教师可替换舞蹈内容，引导幼儿欣赏更多国家或地区的具有代表性的舞蹈视频。

（10）活动反思：

①舞蹈赏析是幼儿园音乐领域的重要组成部分。此份材料通过直观的欣赏、简单的操作，帮助幼儿领略世界各地著名舞蹈的独特魅力，获得相关的舞蹈知识，深受大班幼儿的喜爱。

②在视频的引导下，多数幼儿（尤其是女孩）会一边欣赏，一边跟着视频模仿动作，因此，教师可以将此份材料投放在相对独立的空间，以方便幼儿尽情舞蹈，同时避免影响其他幼儿。

③平板电脑是幼儿生活中常见的电子产品，幼儿虽然有一定的操作经验，但因为它具有易碎、操作不当会死机等特点，所以教师可引导幼儿共同商定使用的规则和要求（如轻拿轻放、使用后及时关机、平放到托盘里，等等）并遵守。

案例 2-44

（1）活动名称：美妙的按钟。

（2）活动目标：

①积极参与演奏活动，体验按钟演奏的乐趣。

②感知八音按钟的音高、音色，了解按钟的演奏方法。

③尝试用按钟完整演奏歌曲。

（3）材料解读：

①提供奥尔夫八音按钟，它颜色鲜艳、音质纯正，而且演奏方法简单，

容易激发幼儿的操作兴趣。

②选择幼儿熟悉、旋律简单重复的歌曲《小星星》,并制作有颜色提示的歌谱,以便于幼儿演奏。

③制作一块有8朵花的垫布,花朵上面分别用1—i标注好音高,以便于幼儿将乐器按一定顺序排列。

(4)材料构成(见图2-351):

①奥尔夫八音按钟,《小星星》歌谱及歌谱架,垫布。

②透明按钟盒。

图 2-351　材料构成

(5)操作步骤:

①铺好垫布,将按钟逐一取出并散放在垫布下方(见图2-352)。

图 2-352　铺好垫布,取出按钟

②随机选一个按钟,用手掌心轻轻叩击,感受按钟的音色、音高(见图2-353)。

图 2-353　轻轻叩击按钟

图 2-354 对照标记摆放按钟

③观察按钟上标记的音高"1",对照垫布上的标记,把按钟摆放到"1"的花上(见图2-354)。

图 2-355 摆放音阶 1—i

④依此方法,叩击、听辨全部按钟,对照垫布上的标记,摆放好1—i的音阶(见图2-355)。

图 2-356 取出歌谱,演唱旋律

⑤取出《小星星》歌谱,边用手点指,边演唱歌曲(见图2-356)。

图 2-357 将歌谱放到歌谱架上

⑥架好歌谱架,将《小星星》歌谱放到歌谱架上(见图2-357)。

⑦尝试按照歌谱上的颜色提示,用八音按钟完整演奏歌曲(见图2-358)。

图 2-358　演奏歌曲

(6)适宜年龄:5—6岁。

(7)错误控制:

①垫布上花朵的数量和唱名与按钟的数量和唱名相一致。

②歌谱上分别用不同颜色的圆点表示音高,圆点颜色与相同音高的按钟颜色相一致。

(8)注意事项:

①教师要提醒幼儿在使用过程中注意轻拿轻放,用适度的力量演奏。

②教师要提醒幼儿在演奏按钟时保持双手洁净干燥,以免造成污染或生锈而使按钟的音色或音准失常。

(9)变化延伸:

①幼儿可邀请同伴,选用几种乐器,共同演奏歌曲《小星星》。

②教师可提供录音设备,引导幼儿创作简单的音乐作品,并鼓励他们用自己的方式将创作的作品记录下来。

(10)活动反思:

①随着幼儿年龄的增长和音乐能力的提高,简单的打击乐器演奏活动已经不能满足大班幼儿的需要,他们对乐器探索的兴趣已经由乐器敲打转为追求演奏的效果、操作的挑战性等。八音按钟属于音高类乐器,它美妙的音色和演奏效果能充分满足大班幼儿的探索欲望,因此深受他们喜爱。

②幼儿在探索的过程中,喜欢将按钟拿在手上随意敲击,这样容易因敲击力度不够或手拿不稳而使按钟发出的声音受到影响。为了保证按钟的音色

和音准，教师应建议幼儿将按钟平放在操作毯上，然后用手掌心轻轻叩击按钟，让按钟发出清脆动听的声音。

③用按钟演奏歌曲旋律需要幼儿熟悉每个按钟的音高，能根据旋律迅速找到按钟的位置。因此，在探索的初期，教师应鼓励幼儿充分感知每个按钟的音高、音色，将按钟颜色与音高一一对应，这样既培养幼儿的听音辨音能力、手眼协调能力，又为下一步的演奏活动打下基础。

案例 2-45

（1）活动名称：弹拨琴。

（2）活动目标：

①对弹拨类乐器感兴趣，体验用弹拨琴演奏的乐趣。

②了解二、三拍子的节奏卡和伴奏卡，知道弹拨琴的伴奏方法。

③能听辨不同节拍的歌曲，独立完成伴奏活动。

（3）材料解读：

①选择新颖精致的弹拨琴作为演奏乐器，激发幼儿的弹奏兴趣。

②挑选大班幼儿熟悉的歌曲《山谷回音真好听》和《生日快乐》作为伴奏的曲目。

③制作二、三拍子节奏卡和弹拨琴伴奏卡，并用形象的图标表示手的动作。

（4）材料构成（见图 2-359）：

①弹拨琴与弹拨片，二拍子和三拍子节奏卡，弹拨琴伴奏卡，音乐播放器。

②托盘，小乐谱架。

图 2-359　材料构成

（5）操作步骤：

①取出音乐播放器，播放二拍子歌曲《山谷回音真好听》，跟着音乐唱一唱（见图2-360）。

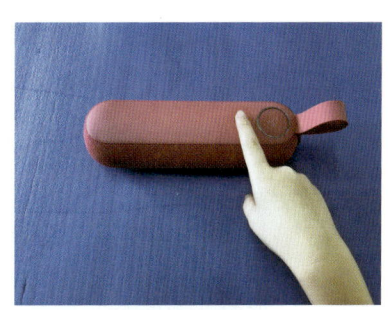

图 2-360　演唱二拍子歌曲

②观察二拍子节奏卡（见图2-361）。

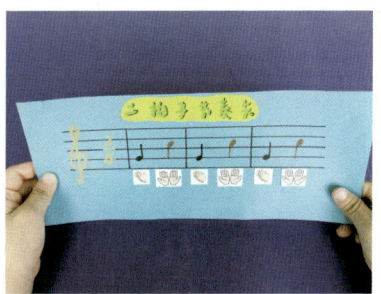

图 2-361　观察二拍子节奏卡

③将二拍子节奏卡放置在乐谱架上，并按照手势图的指引，拍出二拍子的节拍（见图2-362）。

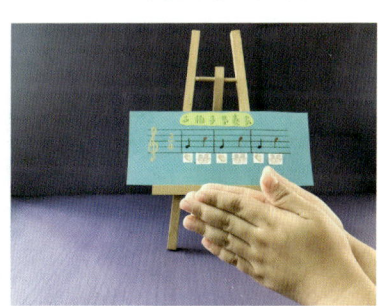

图 2-362　拍出二拍子的节拍

④取出弹拨琴和二拍子伴奏卡，将伴奏卡插入琴弦下方（见图2-363）。

图 2-363　放好伴奏卡

图 2-364　为二拍子歌曲伴奏

⑤手拿弹拨片，根据伴奏卡的提示，尝试弹拨出伴奏和弦，待熟悉后，为歌曲《山谷回音真好听》伴奏（见图 2-364）。

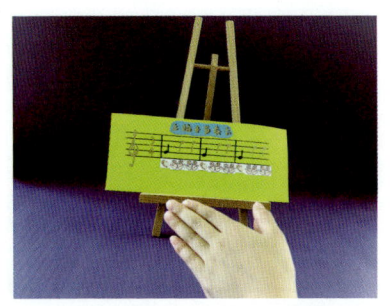

图 2-365　拍出三拍子的节拍

⑥用同样的方法练习三拍子的节拍（见图 2-365）。

图 2-366　为三拍子歌曲伴奏

⑦播放三拍子歌曲《生日快乐》，用三拍子和弦为歌曲伴奏（见图 2-366）。

（6）适宜年龄：5—6 岁。

（7）错误控制：节奏卡上有手势动作提示；伴奏卡上的音符对应弹拨琴琴弦的位置，固定音高。

（8）注意事项：教师要引导幼儿在熟练掌握二、三拍子的基础上，再进行弹拨琴伴奏。

（9）变化延伸：

①可提供多首歌曲，以供幼儿练习伴奏。

②可增加完整的歌谱，让幼儿尝试完整地弹奏歌曲的主旋律。

（10）活动反思：

①这份材料设计的思路来源于班级幼儿的旅游纪念品——弹拨琴，它悠扬曼妙的音色深深地吸引了幼儿，而弹奏的复杂性更是激发了大班幼儿探索和认知的欲望。教师抓住这一契机，巧妙地设计了简易、可操作的分解和弦为歌曲伴奏，引导幼儿通过弹拨琴的伴奏活动理解什么是伴奏，并掌握不同节拍歌曲的伴奏方法。

②对节拍、节奏的感知在音乐活动中非常重要，在每一次伴奏开始之前，教师都设计了节拍练习活动，通过形象的手势动作，引导幼儿练习二拍子和三拍子的节拍，帮助幼儿体会稳定的节拍感，掌握节拍的规律，这样既培养了幼儿的节拍感，又为接下来的伴奏活动做好了准备。

③弹拨琴经过一段时间的弹奏后，琴弦会出现松弛、发音不准等情况，教师应定期检查音高和音准，在幼儿操作时也要注意倾听和弦伴奏是否和谐，根据情况及时调节琴弦的松紧，保证音准。

案例 2-46

（1）活动名称：有趣的五线谱。

（2）活动目标：

①对五线谱感兴趣，愿意挑战复杂的音乐活动。

②初步了解构成五线谱的元素线及间、音符和谱号。

③能找到音符 Do 到 Ti 在五线谱中的位置。

（3）材料解读：

①选择一个可折叠的磁性五线谱底板，在底板上粘贴唱名和 C 大调标志。

②音符、谱号皆为磁性材料，可牢固地吸附在底板上，以增强幼儿操作的兴趣。

③制作一本五线谱小书，里面包含五线谱的线及间、音符和谱号等知识。

图 2-367　材料构成

④设计两张音符卡，帮助幼儿认识线上和间上的音符。

（4）材料构成（见图 2-367）：

①五线谱底板，磁性音符与高音谱号，音符卡，五线谱小书。

②托盘，精致礼盒。

图 2-368　翻看五线谱小书

（5）操作步骤：

①翻看五线谱小书，了解五线谱的相关知识（见图 2-368）。

图 2-369　打开底板，取出材料

②打开五线谱底板，取出带有磁性的高音谱号和音符（见图 2-369）。

图 2-370　摆出完整音阶

③指认第一排的高音谱号和音符，在第二排空白的五线谱上摆出完整音阶（见图 2-370）。

④拿出音符卡，认一认、唱一唱线上的音符（见图2–371）。

图 2–371　唱出线上的音符

⑤参照音符卡，在空白五线谱底板上摆出线上的音符（见图2–372）。

图 2–372　摆出线上的音符

⑥继续看音符卡，认识间上的音符并唱出来（见图2–373）。

图 2–373　唱出间上的音符

⑦在五线谱底板上摆出间上的音符（见图2–374）。

图 2–374　摆出间上的音符

（6）适宜年龄：5—6岁。

（7）错误控制：五线谱第一排为参照版；音符卡上有音符的颜色和位置提示。

（8）注意事项：教师要注意提醒幼儿对照五线谱第一排的参照版，找到各音符的位置。

（9）变化延伸：

①认识低音谱号，了解低音谱号中各音符的位置。

②认识全音符、二分音符、四分音符、八分音符在五线谱中的表现方式。

（10）活动反思：

①进入大班后，部分幼儿已经积累了丰富的乐器技能和乐理知识，有的甚至已经开始进行某种乐器的系统学习，认识五线谱成为这些幼儿的必需。在投放这份材料时，教师通过巧妙的构思，将枯燥乏味的五线谱知识转化为形象的五线谱小书和音符卡，让幼儿轻松愉悦地掌握了五线谱的基本知识，也为乐器学习打下了基础。

②为了帮助幼儿唱准唱名和音高，在幼儿的操作过程中，教师可用钢琴弹奏出C大调的音阶，引导幼儿跟唱，待幼儿熟练唱准后，可简化为只给出基础音"Do"的音高，对其他音符则鼓励幼儿自己演唱。

③这份材料中的磁性音符和谱号比较纤细、容易折断，在幼儿的操作过程中，教师要提醒幼儿将它们保持平整、不要弯折，操作结束后及时将音符、高音谱号收进盒子，以防丢失。

案例2-47

（1）活动名称：钢琴名曲与作者。

（2）活动目标：

①萌发对世界著名钢琴曲的兴趣与喜爱。

②了解世界著名钢琴作曲家及其经典作品名称。

③能准确辨识世界经典的钢琴曲目。

第二章 艺术区材料案例

(3)材料解读:

①选择精美的手摇音乐盒,曲目有幼儿熟知的《小星星》《天鹅湖》等,形式直观,易于吸引幼儿操作。

②钢琴作曲家卡片以图文并茂的形式呈现,帮助幼儿更形象地认识各位作曲家。

(4)材料构成(见图2-375):

①手摇音乐盒,卡片夹,世界著名钢琴作曲家卡片。

②托盘,小盒子。

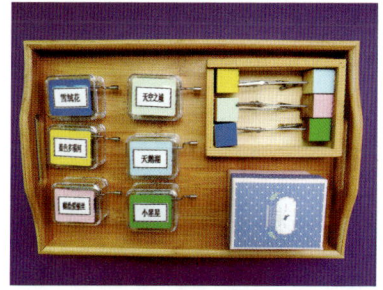

图 2-375 材料构成

(5)操作步骤:

①逐一将手摇音乐盒从托盘中取出,认读曲名并轻轻摇动音乐盒以欣赏乐曲,然后将音乐盒整齐地摆放在操作毯上(见图2-376)。

图 2-376 欣赏钢琴名曲

②将彩色木质卡片夹从小盒子中取出(见图2-377)。

图 2-377 取出卡片夹

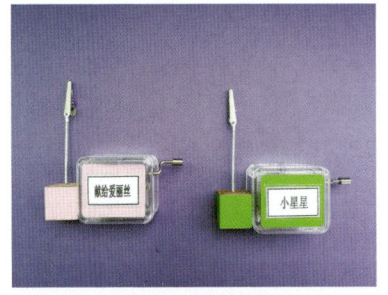

图 2-378　对应钢琴名曲

③依据彩色木质卡片夹的颜色将其摆放在相应颜色的音乐盒旁边（见图 2-378）。

图 2-379　认识作曲家

④逐一将作曲家卡片从小盒子中取出，观察并认读作曲家的姓名（见图 2-379）。

图 2-380　对应名曲与作曲家

⑤任意拿起一张作曲家卡片，观察后找到相应音乐盒上的曲目，将其夹在相同颜色的木质卡片夹上（见图 2-380）。

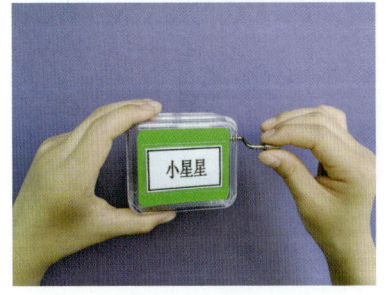

图 2-381　再次欣赏乐曲

⑥完成操作后，幼儿可根据自己的喜好选取最熟悉、最喜欢或最感兴趣的乐曲反复欣赏（见图 2-381）。

⑦逐一将作曲家卡片和彩色木质卡片夹收回到小盒子中，再将音乐盒整齐地收回到托盘中（见图2-382）。

图 2-382　逐一整理材料

（6）适宜年龄：5—6岁。

（7）错误控制：手摇音乐盒与作曲家卡片、卡片夹的颜色一致。

（8）注意事项：

①手摇音乐盒和木质卡片夹中含有铁质成分，在平日擦拭和保养的过程中，要注意避免使用过湿的毛巾，以免材料生锈而影响使用，或使幼儿发生不必要的意外伤害。

②投入使用前应调试木质卡片夹，避免其过紧或过松。

（9）变化延伸：

①引导幼儿认识中国著名的乐曲与音乐家。

②以同一音乐家的作品为系列（如贝多芬名曲、舒伯特名曲）提供材料。

（10）活动反思：

①这份材料最精巧的设计是音乐盒，幼儿捏住小摇柄轻轻摇动音乐盒，就可以听到各种悦耳的旋律。这些旋律有的是幼儿耳熟能详的，如《小星星》《雪绒花》等；有的则是幼儿比较陌生的，但材料本身的吸引力能激发幼儿探究的兴趣——这首钢琴曲的名字是什么？它是由哪个音乐家创作的？……幼儿带着这些疑问进行深度探究，更能养成专注、持久等良好的学习品质。

②这份材料选择的都是国外著名钢琴作曲家，有的钢琴作曲家名字比较长，而且在名和姓中间还有间隔符号，缺乏这方面知识和识字量小的幼儿在识别时会存在困难，教师要及时介入并给予帮助。

③教师可以根据幼儿的个体差异以及操作情况，灵活增减音乐盒的数量，对于音乐辨识能力较弱的幼儿，建议从两个曲目开始逐步增加数量。

第三章
教师对幼儿的支持

区域活动是幼儿自主探究与学习的活动，它打破了传统的集体活动形式，较好地尊重了幼儿的个别差异，使幼儿的兴趣、爱好、发展水平得到了充分的展示与发展。幼儿在艺术区探索区域材料的过程中，会自主地选择自己需要的材料或特别感兴趣的材料进行自由研究，他们一般借助于材料的引导，独立操作并有所发现。虽然幼儿的探索基于每一份材料中能指引其独自操作的引导标识，但这些标识只能代替教师的部分指导。由于幼儿的学习习惯、活动节奏、认知能力各不相同，因此教师的指导在区域活动中有着不可代替的作用。

在区域活动开展过程中，教师在面对个别化、差异化活动情境中的不同幼儿个体时，需要全面、细致地观察每个幼儿的活动情况，随时发现、分析幼儿出现的问题，然后进行反思、判断，根据不同幼儿的需要提供科学有效的支持。

第三章 教师对幼儿的支持

第一节 单次活动中教师的支持

在幼儿每一次的区域活动中,教师始终在幼儿背后扮演着支持者的角色。教师既是观察者,又是引导者与合作者,同时还是幼儿获得成功时的喝彩者。教师在扮演多种角色的过程中,需要根据幼儿的年龄特点与发展水平对其进行差异性支持。一般而言,教师对幼儿的支持可能是简单的观察,可能是

图 3-1 教师与幼儿合作探索材料

直接的演示与说明,也可能是介于两者之间的支持(见图 3-1)。教师对幼儿的支持应该包括以下步骤:基于对幼儿的前期了解进行初步评价—判断或引导幼儿选择合适的材料—观察和分析幼儿的操作情况—提供适宜且适量的指导—再次观察并评析幼儿的操作情况—根据幼儿的当次活动情况进行整体评价—提出后续的支持策略……每一个步骤都充分体现出教师对材料的清晰了解以及对幼儿身心发展的深刻认识。

下面我们将呈现三个不同年龄段幼儿艺术区中的活动案例及一个学习故事,逐一阐述活动中教师应如何支架幼儿的主动学习、如何针对不同年龄段的幼儿采用有效的支持策略等。

一、小班案例分析

在小班美术区材料探索中,教师需要从丰富幼儿美术学科方面的知识、通过操作活动材料促进幼儿美术技能及其他方面能力的提升等层面综合考虑。

在小班美术区的案例中,我们选择具有代表性的材料"贴点点"进行分析,该材料能够实现《指南》中"经常涂涂画画、粘粘贴贴并乐在其中"的目标。在此案例中,我们将幼儿探索这一材料的情况进行了录像,通过后期反复观看录像、思考与讨论等方式,对活动过程中幼儿的探索情况、探索过程中师幼的互动情况进行了文字实录,并对活动中幼儿的各种行为进行了分析,寻找相对应的理论依据,同时对活动过程中教师支持的适宜性进行了解析,以期通过案例记录与分析,帮助教师更好地组织与开展小班美术区的活动。

(一)幼儿班级:小班

(二)材料名称:贴点点

(三)材料来源:《指南》3—4岁艺术—表现与创造—目标1的子目标"2.经常涂涂画画、粘粘贴贴并乐在其中"

(四)活动实录(见表3-1)

表3-1 小班幼儿美术区活动实录表

活动内容	幼儿行为	教师策略
幼儿走到美术区材料柜前,对柜子上的开放性材料产生兴趣。	幼儿走到美术区材料柜前,对柜子里鲜艳的贴纸产生兴趣,驻足观察了一会儿。	教师站在教室的一角,有意识地全面关注活动现场,一边观察班级幼儿选择和操作材料,一边发现个别需要帮助的幼儿并给予支持。
幼儿取出材料,用自己的方式对材料进行尝试和探究。	幼儿慢慢地从材料盒中取出一张黄色圆形贴纸,撕开其中一个,走到身旁的桌子边,将其粘贴到桌子上。	教师在远处发现、观察幼儿的行为,慢慢走近幼儿。
教师观察幼儿的行为,及时介入和指导幼儿对材料的探究。	幼儿看着桌子上的贴纸,继续撕开第二张贴纸,打算粘贴到桌子上。	教师在幼儿身边轻轻蹲下,询问幼儿"为什么将贴纸贴到桌子上呢?",倾听和理解幼儿行为背后的想法,同时建议幼儿:"我们可以把贴纸贴在纸上,这样最后你创作出来的作品,还可以带回家给爸爸妈妈欣赏呢,你愿意试试吗?"

续表

活动内容	幼儿行为	教师策略
教师与幼儿一同走到材料柜前,引导幼儿选择适宜的材料。	幼儿与教师重新回到材料柜前,选取完整的、适宜的操作材料。	教师引领幼儿走到材料柜前选择"贴点点"的完整操作材料,放到身旁的桌子上。
教师与幼儿合作,学习用正确的方式使用材料。	幼儿靠着教师坐下,拿出贴纸看了看,尝试撕开黄色贴纸粘在操作纸上,可是把背景草地遮挡了。	教师肯定幼儿在纸上操作的行为,微笑着鼓励和引导幼儿:"一阵微风吹来,泡泡飘到天上了。"
教师鼓励幼儿继续操作,尝试独立完成作品。	幼儿再次撕开圆形贴纸并将其粘在操作纸的背景天空上,得到教师微笑肯定后,继续完成剩余部分。	教师微笑着鼓励幼儿继续操作,尝试独立完成作品。
幼儿完成作品后,将材料和桌面收拾并整理干净,然后选择另一份材料。	幼儿完成作品后,将作品盖上自己的姓名印章,与教师一同清理桌面,然后开始选择另一份材料。	教师向幼儿竖起大拇指,肯定幼儿的努力和成功,并陪伴、引导幼儿初步学习整理桌面和清理垃圾。

(五)幼儿发展与教师支持

1. 幼儿学习品质分析

(1)针对幼儿发展的研究

该案例中的小班幼儿刚入园1个月,幼儿的分离焦虑情绪正有所缓解,逐渐对区域活动的个别探究形式与美术区中材质丰富、色彩缤纷的开放性材料产生强烈的好奇心。当教师发现该幼儿对美术区中的彩色点点贴纸感兴趣时,让其采取直接选择、操作的探究方式进行体验学习。在幼儿自主操作材料的过程中,教师发现该幼儿对使用区域材料的常规习惯仍处于初步学习阶段,需要进一步培养其良好的活动常规。此时,教师作为幼儿的合作者与引导者,需要在活动中及时发现幼儿在常规方面的不足,实时引导幼儿培养良好的活动常规以及爱惜活动环境等良好的学习品质,以促进幼儿持续性的学习与发展。

(2)基于教师行为的分析

案例中记录的是一名入园刚1个月的幼儿,该幼儿的入园焦虑情绪已逐渐平稳。当发现幼儿在美术区中选择了"贴点点"活动材料,并将五颜六色的彩色贴纸粘贴到桌子上时,教师进行了及时的介入和引导。教师首先走近幼儿,引导幼儿说出要粘贴到桌子上的理由,倾听并理解幼儿行为背后的想法,然后用该幼儿能够接受的方式引导幼儿学习在纸张上合理布局,在愉悦的氛围中完成此份材料的操作。

在整个过程中教师一直陪伴着幼儿,用微笑支持幼儿的探究,肯定幼儿的努力和成功,活动后及时反思、总结幼儿的活动,鼓励幼儿将作品与同伴和家长分享,激发和培养幼儿对个别化学习的兴趣与主动性(见图3-2)。

图3-2 教师指导幼儿探索材料

2. 幼儿领域发展分析

(1)针对幼儿发展的研究

该阶段的幼儿对色彩鲜艳的材料兴趣浓厚,且贴纸类材料在幼儿的生活中较为常见,幼儿基于已有的生活经验能完成撕贴动作。但是由于幼儿刚走进幼儿园的集体生活,在活动区常规方面有待进一步的学习,因此,当教师发现幼儿在操作材料的过程中将贴纸贴到桌面时,及时出示作品载体——纸张,并陈述在纸上贴画的理由,这样既能培养幼儿爱惜班级公共环境的良好习惯,又能满足幼儿撕贴的愿望,而且幼儿可将作品完整呈现并带回家与家长分享成功的喜悦,激发自身进一步探究的兴趣。

(2)基于教师行为的分析

从上述案例可以看出,对于刚入园不久的幼儿,教师应更注重为其营造

一种尊重和平等的学习氛围与师生关系,鼓励幼儿发现、选择感兴趣和喜爱的材料,从而培养幼儿主动学习的学习品质。在幼儿现场操作材料的过程中,教师及时发现幼儿对材料的不适宜操作行为,在倾听和理解幼儿想法的基础上,及时给予引导和建议,帮助幼儿成功地完成此份材料的操作,并获得初步的学习成就感。

二、中班案例分析

在区域活动开展过程中,教师对幼儿支持的适宜程度,是区域促进幼儿科学发展的重要因素之一。在此,我们通过向读者呈现具体案例,详细解析活动过程中的方方面面,让读者了解区域活动中教师对幼儿支持的指导策略,进而理解区域活动中幼儿的行为。对于中班美术区,我们选择的案例材料是"蒜皮画",在记录过程的基础上,我们还从幼儿学习品质及幼儿领域发展两个方面进行了分析,帮助读者综合了解区域活动中幼儿在教师的支持下如何得到发展,为教师提高区域观察、分析、评价能力,更好地组织和指导区域活动提供帮助,从而实现区域活动中幼儿的差异性发展。

(一)幼儿班级:中班

(二)材料名称:蒜皮画

(三)材料来源:《纲要》艺术—内容与要求—"5.指导幼儿利用身边的物品或废旧材料制作玩具、手工艺品等来美化自己的生活或开展其他活动"

(四)活动实录(见表3-2)

表 3-2　中班幼儿美术区活动实录表

活动内容	幼儿行为	教师策略
幼儿来到美术区材料柜前寻找感兴趣的材料内容。	幼儿主动来到美术区，在材料柜前徘徊并观察了一会儿，确定挑战"蒜皮画"这份新材料。	教师站在教室的一角，对班级幼儿整体参与和操作的情况做全面观察，及时发现有需求的幼儿。
幼儿观察并探索材料，在卡纸上勾勒图画，教师在远处观察。	幼儿将材料托盘放好后，从中取出一张卡纸摆在桌子上，用勾线笔在纸上勾勒自己创作的图画。	教师在远处不时地观察幼儿，同时指导另一名幼儿。
幼儿完成图画勾勒，尝试粘贴，教师来到幼儿身边观察。	幼儿在卡纸上画好一朵大大的花后，用棉签蘸上白乳胶涂抹在蒜皮上，再将蒜皮贴到卡纸的花瓣图案中。	教师慢慢走到幼儿身边，观察和了解幼儿的操作详情。
幼儿遇到疑难，举手示意并请求教师帮助，教师引导幼儿叙述问题，与其分析原因，寻找更好的解决方法。	幼儿粘贴了数张蒜皮后，手指上也黏上了白乳胶，导致其无法继续操作，于是幼儿举手示意教师，表示需要帮助。	教师及时回应幼儿，鼓励幼儿叙述遇到的问题，引导幼儿观察、分析蒜皮和卡纸材料的不同特点，并思考将白乳胶涂在哪种材料上更合适。
幼儿接受教师的建议，用新的粘贴方法继续尝试，教师在幼儿身旁继续观察。	幼儿到洗手间把手上的白乳胶清洗干净后，尝试用棉签蘸上白乳胶涂抹在卡纸的花瓣部位，再将蒜皮慢慢地粘到白乳胶上。	教师坐到幼儿身边，陪伴和观察幼儿用新方法继续尝试。
幼儿继续粘贴并不断美化作品。	幼儿继续用新方法完成蒜皮的粘贴，并不时地运用其他材料（如彩笔）涂画、美化自己的作品。	教师在教室中继续巡回观察，了解其他幼儿的操作情况。
幼儿完成作品，收拾、整理材料后，将作品摆放到展示架上，教师对幼儿的活动过程进行记录和分析。	幼儿完成作品后，主动要求将作品摆放到展示架上，教师鼓励幼儿在活动结束后的分享环节中，向同伴介绍自己的经验并展示作品。	教师肯定幼儿的成功体验，鼓励幼儿总结、分享操作体验，并对幼儿的活动过程进行记录和分析。

（五）幼儿发展与教师支持

1. 幼儿学习品质分析

（1）针对幼儿发展的研究

中班幼儿在区域活动中已逐步表现出一定的目的性和自主性，在已有的"玩色类"活动经验的基础上，他们被各种新颖材质和立体手工类材料吸引，愿意尝试和挑战新材料。在操作和探索此份材料的过程中，当白乳胶粘满手指而影响下一步的操作时，该幼儿能主动寻求教师的帮助，在教师的引导下找出解决问题的方法并及时清洗手上的胶液，最终顺利完成作品。此过程对幼儿在区域活动中的独立性和坚持性皆有良好的促进作用。

（2）基于教师行为的分析

在幼儿的操作过程中，教师从幼儿选择挑战此份新材料开始就一直在旁留意观察。教师作为支持者和引导者，在其所营造的自由和信任的氛围中，尊重幼儿选择的区域、尊重幼儿依照喜好选择的材料、尊重幼儿探究材料偏好的方式。当幼儿举手示意并寻求帮助时，教师及时走到幼儿身边，运用语言沟通的策略引导幼儿观察、分析蒜皮和卡纸材料的不同特点，帮助幼儿重新思考、及时调整操作方式，使幼儿获得正确的方法和成功的体验，同时培养幼儿在操作过程中初步解决问题的能力。

2. 幼儿领域发展分析

（1）针对幼儿发展的研究

中班阶段的幼儿除了喜欢探索各种玩色材料外，还对其他艺术表现形式表现出浓厚的兴趣。该幼儿在操作"蒜皮画"材料的过程中，运用已有涂画经验勾勒出花的外形部分，通过尝试将又软又薄的蒜皮粘贴到花瓣上，学习使用乳胶工具和保持作品的整洁，从而促进小手肌肉的协调性和灵活性发展，并产生运用其他艺术表现形式开展手工创作的兴趣。

（2）基于教师行为的分析

教师对该幼儿使用白乳胶的熟练程度有所了解，尊重幼儿独立探究的愿望。当幼儿发现自己的已有经验不能使操作顺利进行时，能主动向教师请求帮助，而教师则以语言引导幼儿观察材料的材质特点并进行思考，促进幼儿对各种材质和工具产生更深入的了解。生活处处都是美，教师将日常生活中最常见的蒜皮作为美术区的材料，让幼儿通过绘画加粘贴的方式制作美丽的花朵，引导幼儿变废为宝，激发幼儿在生活中发现美、创造美，提升幼儿美化环境的能力（见图3-3）。

图 3-3　教师引导幼儿探索材料

三、大班案例分析

经过2年美术区材料的操作与探索，大班幼儿不但积累了一定的活动经验，美术方面的能力也得到了很大的提升。为了配合大班幼小衔接的要求，在区域活动中教师不但要关注幼儿美术活动经验的继续丰富、相关能力的不断提高，更要关注幼儿学习品质的形成，让他们在美术区活动中达到深度学习的状态。那么，大班教师在区域活动中运用怎样的支持策略才能实现以上目标呢？综合以上因素，在选择大班案例时，我们拍摄并记录了具有中国文化内涵的美术区水墨画材料"国色天香"，后期又根据幼儿行为、教师策略进行了文字梳理，并从幼儿学习品质及幼儿领域发展两个方面进行了分析与评价。读者通过阅读这些记录可以发现教师在大班美术区中是怎样指导、支持幼儿开展活动的，教师的有效指导能够帮助幼儿在区域中实现深度学习，形成良好的学习品质，为进入小学做准备。

（一）幼儿班级：大班

（二）材料名称：国色天香

（三）材料来源：《指南》5—6岁艺术—表现与创造—目标1的子目标"2.能用多种工具、材料或不同的表现手法表达自己的感受和想象"

（四）活动实录（见表3-3）

表 3-3　大班幼儿美术区活动实录表

活动内容	幼儿行为	教师策略
区域活动开始，幼儿选择符合自己喜好的区域和材料。	幼儿主动来到美术区材料柜前，快速选取自己喜爱的"国色天香"探究材料，摆放在身旁的桌子上。	教师一边引导其他幼儿进行区域活动，一边观察该幼儿的进区情况。
幼儿有序地进行操作前的准备，教师在教室中巡察幼儿整体操作情况。	幼儿从托盘中分别取出毛毡布和宣纸平整铺好，然后拿水桶到洗手间接水，再打开材料盒取出颜料和毛笔，准备作画。	教师在教室中观察幼儿整体操作情况，并提醒个别幼儿注意常规问题。
幼儿取出所需颜料，开始作画，教师在教室中巡回观察，及时给予有需要的幼儿帮助。	幼儿取出调色盘，从颜料盒中取出绿色颜料挤到盘中，将大号毛笔在水桶中润湿，蘸上绿色颜料，在宣纸上画出几片大大的荷叶。	教师走到幼儿身边，幼儿发现后主动向教师介绍："老师，我今天要画一幅荷塘美景。"教师对幼儿的想法及荷叶的绘画给予肯定和鼓励，期待幼儿作品的呈现。
幼儿继续作画，运用侧点的方法绘画荷花，教师一边为有需要的幼儿做指导，一边观察该幼儿的操作情况。	幼儿取出红色颜料挤到盘中，将中号毛笔在水桶中润湿，蘸上红色颜料，运用侧点的方法在荷叶上方点出一朵红色的荷花。	教师为身边需要帮助的幼儿做指导，同时留心观察该幼儿的操作情况。
幼儿与同伴共同交流、学习绘画荷花的新方法。	此时，同在美术区的另一名幼儿走过来，对该幼儿说道："我上次也画了一朵荷花，用了2种颜色一起画，也很好看哦。你要不要也试试看？"	教师静静地观察两名幼儿的交流。
幼儿运用同伴建议的新方法尝试绘画，体验挑战和成功的乐趣，教师在幼儿身旁持续观察。	幼儿看着自己的作品想了想，取出白色颜料挤到盘中，将中号毛笔在调色盘中先蘸上红色，然后用笔尖蘸上白色，再运用刚才的侧点方法，成功地画出了一朵由5片渐变花瓣组成的美丽荷花。	教师继续在幼儿身旁观察：幼儿如何在同伴的建议下，结合自己的已有经验进行理解和尝试。

续表

活动内容	幼儿行为	教师策略
幼儿完成作品后，自觉、有序地收拾材料，将作品盖上姓名印章后将其展示到作品展示墙上。	幼儿完成操作后，兴奋地与教师分享自己的作品和心情，然后有序地清洗各种绘画工具，整理、收拾后将其送回活动柜，将作品盖上姓名印章后将其展示到作品展示墙上。	教师为幼儿的成功尝试感到高兴，鼓励幼儿在区域活动回顾时与大家分享在区域活动中如何帮助同伴以及向其他同伴学习。

（五）幼儿发展与教师支持

1. 幼儿学习品质分析

（1）针对幼儿发展的研究

上述案例记录的是一名大班幼儿在美术区活动中操作"国色天香"材料的单次完整过程。对于已有2年多区域活动经验的幼儿，在美术区活动中基本能够做到独立、持续地完成自主选择的材料，并熟悉美术区中各种常见材料和工具的使用方法。在活动中，幼儿能根据自己的已有经验有序、独立地完成此份材料的每一个操作步骤，体现出良好的逻辑性和秩序感。另外，幼儿能在同伴的建议下思考与尝试新技能，可见其已初步形成学习的主动性和独立性，并具备解决问题的意识和能力（见图3-4）。

图3-4 教师观察幼儿创作

（2）基于教师行为的分析

在幼儿操作"国色天香"材料的过程中，教师基于大班幼儿的年龄特点与能力发展，在了解该幼儿个别化学习的兴趣、经验和风格的基础上，为幼儿提供了充足的自主探究和创作时间，让其在与材料的不断互动中，感受和学习运用毛笔绘画水墨画，培养其专注力和想象力。同时，教师还注重对幼儿主动学习和良好社会性的培养，支持幼儿在活动中与同伴相互交流与学习，在区域活动回顾时鼓励幼儿大胆地与大家分享,这样提升了幼儿的相关经验,促进了全体幼儿良好学习品质的发展。

2. 幼儿领域发展分析

(1)针对幼儿发展的研究

从教师的记录可以看出,该幼儿并不是初次接触水墨画,其已有过多次的绘画经历,已清楚地知道操作此份材料的每个步骤:平铺纸张、打水润笔、挤墨调色、构图创作、清洗工具、收拾整理、展示作品。幼儿通过"国色天香"水墨画的材料操作,不仅学习了使用毛笔和彩墨的新技能,还丰富了艺术体验,更重要的是提升了对我国特有的水墨艺术的欣赏兴趣和创作愿望,使国粹得以继承和发扬。

(2)基于教师行为的分析

教师通过在美术区中为幼儿提供多种不同类型的活动材料,以满足大班幼儿对彩绘、手工、泥塑等美术体验和创作的需求,并有意识地将我国传统水墨画带到区域中,以支持幼儿的主动学习。教师观察和记录两名幼儿在区域活动中尝试运用两种颜色表现花瓣并获得新技能的过程,针对活动中出现的问题及时为幼儿提供探索的时间与空间,使幼儿获得了进一步深入探究材料的机会并体验到了成功的喜悦。

第二节　艺术区学习故事

区域活动既能关照幼儿学习与发展的整体性,又能关照其个体差异性。区域活动之所以能尊重幼儿在学习方式、节奏、兴趣及需求上的差异,一是因为材料的"支架",二是因为教师对幼儿的观察,更重要的是教师要根据观察为幼儿提供适时、适量与适宜的指导。在此过程中,教师首先需要基于活动中的观察进行科学分析,然后从材料的调整以及教师的指导等方面思考幼儿的后续发展策略。下面我们以音乐区为例，详细描述教师如何在区域活动中观察、评价幼儿，支架幼儿艺术区的连续探索与学习，从而促进幼儿的个别化成长。

一、教师记录方法

教师的观察与记录是幼儿持续开展区域活动的基础，教师根据观察、记录与评价，制定适宜的支持策略，支持幼儿当下的探究以及未来的发展。下面我们将借鉴学习故事的方式，从情况分析、记录时间、记录内容等方面呈现艺术区活动记录案例。

（一）情况分析

幼儿的发展存在差异性，教师需要在记录学习故事之前对追踪对象的发展水平进行综合评估与分析，找出幼儿的"最近发展区"，对幼儿提出有目的、有计划的"期望"，以增强后期教育行为的有效性。

（二）记录时间

记录时间分为追踪幼儿的周期记录时间以及单次活动的当次记录时间两个方面。

1. 周期记录时间

教师记录幼儿艺术区的学习故事主要是出于两个方面的考虑：一是通过长期记录，记录并呈现幼儿在园时间在艺术领域的发展；二是通过短期记录，记录并发现幼儿在艺术领域某一方面的特殊需求或者不足。根据以上两个方面的考虑，周期记录相应地分为两种：一种是教师对幼儿在艺术区的活动情况的整体追踪记录，该记录周期为幼儿3年在园时间；另一种则是教师对幼儿在艺术领域某一方面（尤其是幼儿发展较弱的方面）一段时间的持续追踪记录。第一种类型的记录需要教师有目的、有计划地对幼儿开展观察、记录、分析与反思；第二种类型的记录则需要教师在记录前根据幼儿的具体情况，预先计划观察和记录的时间、内容与方法，然后按照计划进行观察、记录、分析与反思，同时需要根据幼儿的发展变化及时调整计划，最终实现幼儿在艺术领域的均衡发展。

2. 当次记录时间

当次记录时间是指教师在一次艺术区活动中对观察对象进行记录的时间，包括幼儿计划选择艺术区材料、幼儿操作完成这一活动材料，以及教师根据观察完成反思和提出幼儿后期发展相关对策的单次完整过程。同时，所有围绕该幼儿探索活动的记录文字、图像、表格等资料所对应的时间，均在当次记录时间范围内。

（三）记录内容

学习故事的内容由活动现场记录、教师观察描述、教师评价过程、下一步发展建议、支架发展材料等多个有逻辑关联的内容构成。

1. 活动现场记录

对于艺术区活动现场，教师可以借助于文字、照片以及音像等多种载体进行记录。教师应基于活动过程或结果的特点选择记录方式。如：幼儿在音乐区进行表演等活动时，教师可用录像、拍照的方式进行记录，将幼儿的音乐表演过程呈现在学习故事中；而幼儿在美术区进行绘画、剪纸、雕塑等活动时，教师可通过收集作品及撰写文字说明的方式将幼儿的作品记录下来。

2. 教师观察描述

教师通过拍照、录像等方式对幼儿活动现场及结果进行记录，尽管这些记录能够在一定程度上再次呈现出幼儿当时的活动状况，但是随着时间的推移，教师会遗忘幼儿的活动细节，不能重点反映幼儿在艺术区中的一些特殊行为。因此教师应该借助于文字说明，对幼儿在艺术区活动过程中的某些特殊行为、特别品质、突破性发展等进行详细的描述，为后期开展评价及提出策略提供依据。

3. 教师评价过程

教师在完成观察记录后,应从情感、态度、能力、知识技能四个方面,对幼儿进行科学和客观的评价。教师在进行评价时,可根据幼儿的活动情况,灵活调整以上四个方面的比重,保证评价的客观、真实与有效。

4. 下一步发展建议

评价的结束并不意味着一个学习故事的结束,完整的学习故事需要教师在观察、记录与评价后提出支持幼儿后期发展的建议。在此过程中,教师需要在艺术领域对幼儿做出展望,还需要找到支架幼儿后期学习与发展的探究材料。这一部分对教师有极大的挑战,但是对教师实现专业能力提升、成为反思型教师有很大的帮助。

5. 支架发展材料

材料是区域活动的重中之重,教师需要在提出下一步发展建议后,选择适合幼儿"最近发展区"的材料来支架幼儿的发展。若需要的材料已经在区域中,教师则需要计划并引导幼儿开启该材料的探索,以保证幼儿区域活动的渐进性与延续性。

二、教师记录案例

下面呈现的幼儿音乐区成长案例,选自一线教师 Z 老师在班级音乐区中对幼儿的观察记录。教师记录 H 幼儿在音乐区中选择乐器演奏、音乐知识和欣赏等系列材料,开展互动与探究的过程。一个个单次记录及阶段性的周期记录,能够呈现出该幼儿在音乐知识、演奏技能等方面的发展过程,描绘出大班幼儿在艺术区中生动、完整、具有内在线索的成长轨迹。

(一)幼儿情况分析

观察班级:莲子 D 班

第三章 教师对幼儿的支持

观察教师：Z老师

观察幼儿：H小朋友

出生日期：2012年5月20日

入园日期：2015年9月1日

幼儿分析：

案例中所呈现的H幼儿是一名大班女孩，在2年多的区域学习过程中，她已初步形成对新事物积极探索的兴趣，具有良好的观察力、专注力和持续探究与学习的能力。该幼儿在区域活动探索与学习中各方面发展较为均衡，其各方面的能力处于班级中上水平。自进入大班后，H幼儿参加了课外钢琴演奏的学习，同时她对幼儿园音乐区的兴趣有了明显的提升。

教师发现H幼儿的兴趣需求与能力变化后，针对其已有的经验，分析并寻找其在音乐方面的"最近发展区"，在班级区域环境中为其提供材料和开展指导，以满足和支持H幼儿在音乐领域的发展需求。初期，H幼儿受学习钢琴的影响，萌发了对音乐知识的好奇心，教师对班级音乐区中原有的基础材料框架进行了调整和更新，鼓励幼儿巩固已有经验并激发其进一步探究的愿望；后期，H幼儿又对各种乐器的不同演奏方式产生了兴趣，教师则及时购买、增添了相关的个别性探究材料，鼓励其与同伴交流、分享，促进其音乐素养的发展。

在以下案例中，教师通过对H幼儿在音乐区的阶段性观察和追踪，了解其在该区域学习与发展的轨迹和进程，分析其在探究过程中存在的优势与不足，及时给予引导或提供材料，为其制订后续的发展计划，从而促进其音乐能力及素养的提高。

（二）教师支持实录

幼儿在对音乐区进行观察后，选择了"音符的秘密"操作材料，将其放到操作毯上，准备对材料进行探究。

幼儿先从托盘中取出音符文字卡进行排序，再逐一将其夹到指定位置，接着取出音符小图卡，进行观察和辨别，最后将音符小图卡与文字卡匹配，并完整、有序地认读一遍各音符的名称。

幼儿结束以上操作后，参照操作卡完成学习过程记录。

H幼儿在此阶段对音乐区的材料表现出初步的探究兴趣，在活动柜前观察后最终选择"音符的秘密"这一材料进行探究。

在操作过程中，H幼儿认真专注，有较强的观察能力。幼儿能独立辨别每个音符的名称及图案，最终成功地匹配图文，完成此材料的探究。另外，幼儿还能依据操作卡的提示，在记录单上记录相应的音符。

H幼儿在操作"音符的秘密"材料后，告知教师她在学习钢琴的过程中了解到的关于五线谱的知识。

为满足幼儿现阶段对音乐知识探究的兴趣和需求，教师投放了"有趣的五线谱""我会拍节拍"等操作材料，为其下一阶段的探索做准备，并激发幼儿持续的学习兴趣。

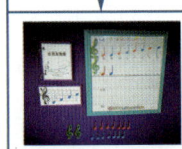

有趣的五线谱
我会拍节拍
……

活动现场记录

教师观察描述

教师评价过程

下一步发展建议

支架发展材料

记录时间：2017-09-27　　材料名称：音符的秘密

第三章 教师对幼儿的支持

幼儿来到音乐区材料柜前并观察了一会儿，将"美妙的按钟"材料摆放在地毯上，将按钟定位长布条铺好后，取出八音按钟逐一按响并倾听，再将按钟有序地摆放在定位布条上。

接着，幼儿取出歌谱认真观察，根据已有经验，将歌谱中的唱名完整唱出，最后，逐一对照歌谱中的每个唱名，按响相应的按钟，完成整首歌曲的演奏。

H幼儿由于前段时间开始学习钢琴，因此对音乐区的活动材料表现出较浓厚的兴趣。

H幼儿在操作"美妙的按钟"材料过程中，表现出对新事物的浓厚学习兴趣，以及初步具有将已有的音乐知识运用到生活中的能力。同时，H幼儿对材料的操作顺序和空间摆放都能进行良好的规划，为日后的学习安排奠定了良好的基础。

H幼儿对按钟乐器很感兴趣，在参与的过程中成功地挑战了多首乐曲的演奏。

为此，教师特意又投放了相关的探究材料，通过操作"乐器分类""小钢琴""弹拨琴"等乐器类的材料，丰富幼儿对不同种类乐器的认识，使其进一步体验键盘乐器（钢琴）与弦乐器（弹拨琴）的不同演奏方式及乐器独特的音色。

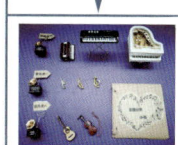

乐器分类

小钢琴

弹拨琴

……

活动现场记录

教师观察描述

教师评价过程

下一步发展建议

支架发展材料

记录时间：2017-10-10　　材料名称：美妙的按钟

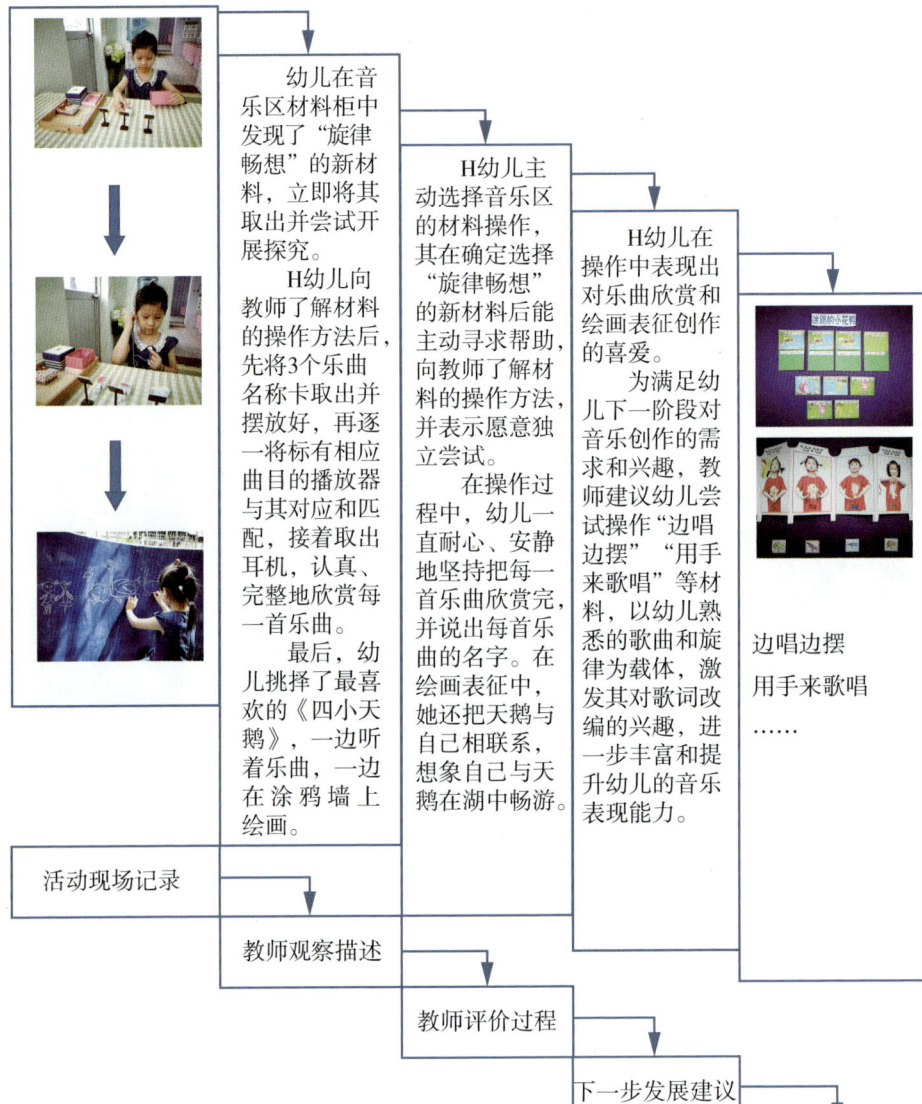

幼儿在音乐区材料柜中发现了"旋律畅想"的新材料，立即将其取出并尝试开展探究。

H幼儿向教师了解材料的操作方法后，先将3个乐曲名称卡取出并摆放好，再逐一将标有相应曲目的播放器与其对应和匹配，接着取出耳机，认真、完整地欣赏每一首乐曲。

最后，幼儿挑择了最喜欢的《四小天鹅》，一边听着乐曲，一边在涂鸦墙上绘画。

H幼儿主动选择音乐区的材料操作，其在确定选择"旋律畅想"的新材料后能主动寻求帮助，向教师了解材料的操作方法，并表示愿意独立尝试。

在操作过程中，幼儿一直耐心、安静地坚持把每一首乐曲欣赏完，并说出每首乐曲的名字。在绘画表征中，她还把天鹅与自己相联系，想象自己与天鹅在湖中畅游。

H幼儿在操作中表现出对乐曲欣赏和绘画表征创作的喜爱。

为满足幼儿下一阶段对音乐创作的需求和兴趣，教师建议幼儿尝试操作"边唱边摆""用手来歌唱"等材料，以幼儿熟悉的歌曲和旋律为载体，激发其对歌词改编的兴趣，进一步丰富和提升幼儿的音乐表现能力。

边唱边摆
用手来歌唱
……

活动现场记录

教师观察描述

教师评价过程

下一步发展建议

支架发展材料

记录时间：2017-11-30　　材料名称：旋律畅想

第三章 教师对幼儿的支持

幼儿主动选择了"世界著名音乐厅"的活动材料,将其摆放到身边的桌子上。

幼儿先将音乐厅图卡取出散放,再逐一观察,根据主题活动"音乐之声"的学习经验以及材料自身的提示,将著名音乐厅室内、外环境卡片与文字名称相对应。最后,将以上的学习过程和所学知识填写到记录单中。

H幼儿在"音乐之声"主题探究后,主动在音乐区中寻找、操作相应的材料巩固知识。

H幼儿在操作"世界著名音乐厅"材料的过程中,表现出较强的学习积极性和活动目的性,同时能较长时间地保持专注状态。通过对材料的认真观察及结合已有的经验,该幼儿能够独立、完整地完成此材料的操作全过程。

H幼儿在主题学习及操作"世界著名音乐厅"材料后,对了解更多的世界艺术产生了浓厚的兴趣。

为此,教师在下一阶段调整和投放的材料有"名曲与国家""世界著名舞蹈""音乐剧欣赏"等,期望幼儿通过与材料的互动,了解世界各国著名的音乐家、曲目以及不同风格的舞蹈。

名曲与国家

世界著名舞蹈

音乐剧欣赏

……

活动现场记录

教师观察描述

教师评价过程

下一步发展建议

支架发展材料

记录时间:2018-03-05　材料名称:著名音乐厅

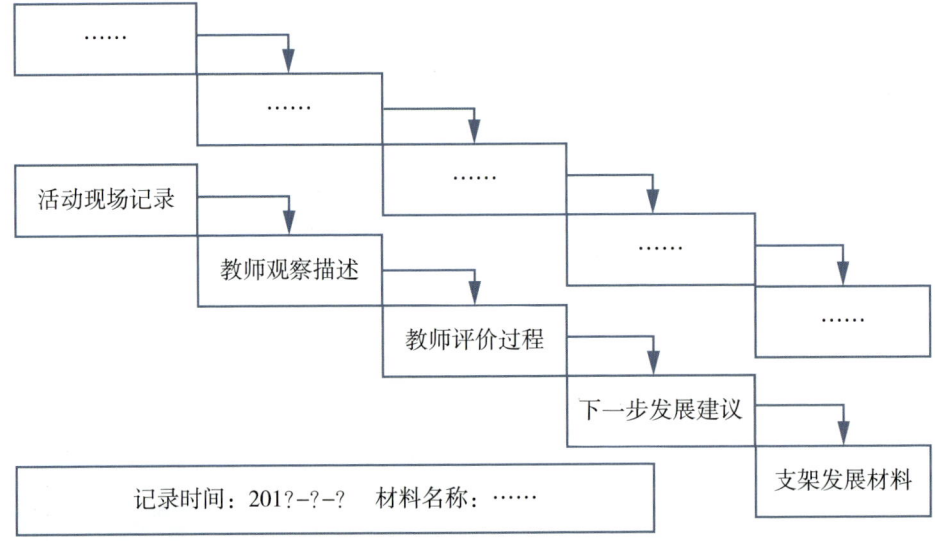

本成长案例是从莲子 D 班 H 幼儿的个人成长档案中选取的，上述案例向我们呈现出一个生动、完整、具有内在线索的幼儿音乐区学习过程及成长轨迹。该记录通过幼儿与材料的互动过程，教师的观察、反思、评价等教育行为，教师对幼儿持续性发展提供的策略支持，全面地呈现了该幼儿在音乐区活动中是怎样从乐理知识、乐器演奏、欣赏表现等实现由认知到技能掌握的发展过程。在查阅 H 幼儿自 2017 年 9 月到 2018 年 3 月的成长档案记录时，我们发现 Z 教师存留了该幼儿在各区域探究操作后完成的记录单，为使读者对 H 幼儿在音乐区中学习探究和认知发展的线索脉络有更清晰的了解，我们特意只筛选了音乐区这个单一区域的案例进行呈现。

第四章
艺术区活动评价

评价是幼儿园区域活动课程的重要组成部分，它与区域活动目标、区域活动内容和区域活动方法共同构成了完整的区域活动课程。科学、适宜的评价能促进区域活动的改进，保证区域活动开展的有效性，实现幼儿区域活动经验的提升以及各方面的发展。

《幼儿园区域活动——环境创设与活动设计方法》一书曾经提出："在教学实践中，一般从评价方式和评价对象两个视角开展区域课程评价。选用评价方式时，教师可以考虑采取实时文字记录、照片、表格和视频等多种方式，对幼儿进行全面观察和分析，使评价方式具有多样性、实效性和动态性。而分析评价对象时，教师应从幼儿及材料两方面进行综合考虑。在评价幼儿方面，除了对幼儿在区域活动中的活动状态、行为、效率等显性因素进行评析，还要关注幼儿的情感、坚持性、专注性以及探索的欲望等非智力因素的发展和培养；在评价材料方面，要对材料的吸引性、可操作性、丰富性等进行评析。"下面，我们将围绕艺术区材料和幼儿两方面进行评价。

第一节 艺术区材料评价方式

材料是区域活动教育价值的载体，幼儿在艺术区活动中通过与材料的对话实现发展。教师既需要对幼儿进行评价，也需要对材料进行评价。

艺术区材料是根据《纲要》和《指南》的要求、幼儿的兴趣和需求等设计和投放的，将教师传统的传授方式有效地转变为幼儿与材料互动学习的新模式，促进幼儿的发展。教师在科学分析与评价艺术区材料时，可以基于幼儿与材料的互动情况以及材料对幼儿的促进作用两个方面，及时调整材料，最大程度地发挥艺术区活动的作用。

一、艺术区材料的评价内容

尽管美术区与音乐区材料的设计、投放有所区别，但是对于两个艺术区材料的评价都应从以下四大方面进行。

（一）材料设计的合理性

投放材料的合理性主要从三个方面来考量：投放材料的安全性、幼儿对材料的兴趣度、材料对幼儿需求的满足程度。

安全性是区域材料的最基本要求。教师可以从材料的外部安全与内部安全两个角度对材料的安全性进行评价。外部安全是指材料本身是否有安全隐患、是否达到卫生保健要求等。内部安全指的是材料所包含的内容、外形等因素是否会让幼儿产生不良的情绪。

兴趣是幼儿与材料产生互动的前提，幼儿对材料的兴趣高低是评估材料设计是否合理的重要标准。在开展这一方面的评估时，教师可以从材料的外形、结构、色彩、数量等方面进行考量。比如：对于小班幼儿，材料的外形要尽可能地立体化、直观化，材料的内容要尽可能地情境化，以激发小班幼儿的探究欲望；材料的颜色与种类不宜过多，教师应尽可能地将材料探索的时间长短控制在小班幼儿活动专注时间值之内；教师可以不断地投入有创意的材料，在激发幼儿兴趣的同时提升幼儿的创造力。

材料满足同一年龄段不同能力幼儿的需求是实现材料有效性的重要保证，同一年龄段幼儿的发展具有共性，也有个体差异性，教师需要根据自己对班级中每一个幼儿发展水平的了解，设计和投放不同层次的材料，以满足不同个体的发展需求。

（二）幼儿获得的发展

幼儿获得的发展是评价材料适宜性的重要指标之一。幼儿通过操作材料获得的发展主要体现在以下四个方面：对材料的情感、探索时的态度、能力的呈现、知识技能的获得。教师可以通过以下观察来判断幼儿的发展：以幼儿与材料互动的频率来判断幼儿对材料的喜爱程度；以幼儿探究与操作材料时的坚持性来判断幼儿的专注力、任务意识等；以解决探索中所遇问题的处理方式来判断其知识或能力的发展水平。在开展这一方面的评估时，教师需要对以上内容进行多次追踪记录，以获得准确的数据，从而科学地判断幼儿在与材料互动时所获得的发展。

（三）材料的中国化

中国传统文化博大精深，蕴含着丰富的艺术资源（如建筑、中国乐器、国画等）。与此同时，培养具有中国文化底蕴的幼儿已经成为教育共识，因此教师作为区域资源的主要挖掘者与开发者，挖掘中国传统文化资源并将其融入艺术区责无旁贷。评价艺术区材料是否具有中国化特点也是评价艺术区材料的重要方面。教师在评价材料是否具有中国化特点时应该从以下几个方面考量：美术区与音乐区材料的设计是否充分挖掘和利用了中国优秀传统文化；

材料中所蕴含的传统文化是否恰当,即是否与材料目标相匹配;教师是否做到了将材料中所蕴含的中国传统文化与幼儿的探究学习有效地结合在一起等。比如:在美术区中,教师可以挖掘中国传统文化中的国画、剪窗花等资源;在音乐区中,教师则可以吸取我国传统文化中的中国乐器、各民族舞蹈等元素来帮助幼儿体验与感受中国传统文化的美。

(四)后续材料的提供

区域材料的投放是一个动态的过程,即教师需要在区域中通过对幼儿与材料的互动观察不断调整区域材料,从而支持幼儿在艺术区的学习与可持续发展。为了更好地实现该目标,在提供后续材料时,教师需要从材料调整的原始依据和材料调整的策略两个方面考量与把握。

①对于材料调整的原始依据主要从三个方面来看:第一,教师根据幼儿操作材料的情况,发现材料存在的设计问题,决定是否对材料进行再加工;第二,根据幼儿对材料的兴趣度决定是否调整材料;第三,根据幼儿对材料的掌握情况决定是否更换材料。

②对于材料调整的策略,则需要时刻谨记实时、适量的原则,把握新材料投放的时间,结合个别幼儿的特殊需要与整体幼儿的发展需求对材料进行随机性或整体性的调整,既促进个体发展,又促进全员发展,最终实现材料调整的实时与适量。

下面是小、中、大班幼儿艺术区材料的三个评价表(见表4-1、表4-2、表4-3)。

表 4-1　小班幼儿美术区材料评价表

评价内容 材料名称	材料设计的合理性	幼儿获得的发展	材料的中国化	后续材料的提供
贴点点				
小树苗				
点点滴滴				
七彩瓶				
小鸡跳跳				
蔬菜印章画				
手掌对印画				

表 4-2　中班幼儿美术区材料评价表

评价内容 材料名称	材料设计的合理性	幼儿获得的发展	材料的中国化	后续材料的提供
路边的野花				
石头彩绘				
欢乐色块				
蝴蝶找花				
快乐的小蜗牛				
迎风鱼				
我妈妈				
甜品店				

续表

评价内容 材料名称	材料设计的合理性	幼儿获得的发展	材料的中国化	后续材料的提供
装饰八音盒				
贝壳拓印添画				
3D 小刺猬				
3D 小树叶				

表 4-3 大班幼儿音乐区材料评价表

评价内容 材料名称	材料设计的合理性	幼儿获得的发展	材料的中国化	后续材料的提供
赏曲画故事				
用手来歌唱				
世界著名舞蹈				
美妙的按钟				
弹拨琴				
有趣的五线谱				
钢琴名曲与作者				

二、小班艺术区材料评价表实例

以上章节详细地阐述了艺术区材料的评价，接下来，我们将以案例的方式呈现莲花二村幼儿园某小班教师填写的一份完整的美术区材料评价表（见表4-4）。该教师从材料设计的合理性、幼儿获得的发展、材料的中国化、后续材料的提供四个方面完整地记录和呈现了班级幼儿在美术区操作材料的真实过程。从这份记录中可以看出材料的安全性、层次性、幼儿获得的发展、后续材料的提供和调整等，有效地达到了评价艺术区材料的目的。

表 4-4　莲子 Q 班幼儿美术区材料评价表

班级：莲子 Q 班　　　　　　　　　　　　　　　　　　幼儿人数：30 人

评价内容 材料名称	材料设计的合理性	幼儿获得的发展	材料的中国化	后续材料的提供
贴点点	简单的图案粘贴符合幼儿的发展水平。	提升了幼儿对色彩的认知以及搭配色彩的能力，同时进一步帮助幼儿促进肌肉动作的发展。	该材料没有利用中国元素。	幼儿熟悉操作方法后，可以换方形、三角形等几何图形或祥云图案、回字文图案等具有中国特色的图案单独粘贴，或同时用多种图形进行创意粘贴。
小树苗	手指画符合小班幼儿的学习需求，半成品材料能激发幼儿探索的欲望，其成果让幼儿更有成就感。	帮助幼儿了解了手指点画的基本方法并让幼儿感受到了手指点画时玩色彩的乐趣。	该材料没有利用中国元素。	可以更换成其他主题（如小蝌蚪以及中国特色的梅花等），让幼儿进行手指画创作。
点点滴滴	形式与内容新颖，幼儿乐于探索。	在幼儿初步了解中国水墨画的基础上增强了幼儿的动手操作能力及美术欣赏能力。	该材料蕴含丰富的中国元素——墨汁、砚台、宣纸，以及中国水墨画。	可以为幼儿提供彩墨，让幼儿创作彩色水墨印画，或者采用其他方式呈现作品，如在手绢、衣服上印画等。

续表

评价内容 材料名称	材料设计的合理性	幼儿获得的发展	材料的中国化	后续材料的提供
七彩瓶	多彩的超轻黏土吸引了幼儿的兴趣。	幼儿基本掌握了团、搓等基本技能。	该材料没有利用中国元素。	可以提供中国传统的纸灯笼，让幼儿进行相应的装饰，还可以鼓励幼儿用多色黏土进行装饰。
小鸡跳跳	富有童趣的小鸡模型极大地引起了幼儿的兴趣。	幼儿手部小肌肉力量和手指的灵活性得到了增强。	该材料没有利用中国元素。	可以提供羽毛等多种材料让幼儿对作品小鸡进行进一步装饰。
蔬菜印章画	创作方法新颖，幼儿非常感兴趣。	幼儿提高了辨识不同颜色的能力，同时了解了一些蔬菜的纹路。	该材料暗含中国文化中的印章文化。	可以换洋葱、胡萝卜、上海青等不同品种的蔬菜做印章画。
手掌对印画	形式游戏化，能够引发幼儿用手掌画画的兴趣。	幼儿了解了画手印画和对印画的方法，并熟悉了对折的技能。此外，幼儿双手配合的协调性及对色彩的敏感度也得到了提升。	该材料涉及中国的宣纸。	可以鼓励幼儿尝试其他的印画方式（如手掌印画、拳头印画等），并为幼儿提供更多的开放性材料，以供幼儿进行创意添画。

第二节 艺术区幼儿活动评析方法

在艺术区活动中,教师通过对幼儿的评价,既可以了解幼儿在艺术区的活动情况,又可以根据了解到的情况来分析幼儿的兴趣点以及幼儿的差异性。除此之外,教师对幼儿实施的区域个性化指导策略也基于其在区域中的观察。在实践中,很多教师只是对幼儿的知识技能进行评价,而忽略幼儿的情感、态度以及能力,故评价具有片面性以及小学化倾向。下面我们将从艺术区中的教师如何评价幼儿活动展开论述,帮助教师在实践中有效地评价艺术区幼儿活动,进而为提升艺术区活动的有效性以及幼儿发展提供依据。

一、艺术区幼儿活动评析内容

评析表是在艺术区评价幼儿活动的重要形式之一。教师在评析之前需要对当次评析的基本情况进行说明,基本情况包括幼儿姓名、性别、所在班级、所在区域、材料名称、操作时间、指导教师、评议者和日期。在艺术区评价(尤其是美术区评价)的过程中,一些教师往往重视对幼儿最终作品的评价,而忽视幼儿在艺术探索过程中所表现出的情感、态度、能力、知识技能。下面我们将从情感、态度、能力、知识技能四个方面,帮助教师对在艺术区观察到的幼儿具体表现进行综合评价,并根据评价结果分析幼儿以上四个方面的发展状况与需求。最后,教师可以基于分析结果调整原有的教育策略,制定针对幼儿的个性化指导策略,让幼儿在适宜的学习环境中以及科学的教育策略支持下,实现艺术领域中情感、态度、能力、知识技能的全面发展。

（一）情感方面

情感是一种主观体验，幼儿会对自己投入情感的学习内容花费更多的精力与时间。从艺术区活动来看，当次开展的活动、材料以及区域中的人对幼儿的情感影响较大，因此，教师对艺术区中幼儿的评价可以从幼儿对区域的喜好、幼儿对材料的兴趣及幼儿与教师和同伴的情感这三个方面进行。幼儿对区域的喜好就是幼儿对艺术区的整体情感，包含幼儿是否喜欢该区域、是否乐意参与艺术区的各种活动等。兴趣会使幼儿在区域探索时表现得更加专注、自信。在幼儿对材料的兴趣方面，教师可以通过观察幼儿是否愿意探索和操作材料、幼儿在操作材料的过程中情绪是否积极以及对某种类型的材料的偏爱程度等来判断。在与人交往时，幼儿会与同伴和教师进行互动。在评价幼儿与教师、同伴的情感时，教师可以通过观察幼儿是否愿意与同伴合作、合作过程中的情绪表现、遇到困难时是否主动向教师寻求帮助以及是否愿意向教师及同伴分享自己的作品等来评价。

（二）态度方面

态度是指幼儿在艺术区活动中表现出来的比较稳定的心理倾向，如规则意识、意志力、专注力等。对幼儿艺术区活动的态度评价，主要通过观察幼儿在活动中表现出的规则意识、意志力以及专注力等方面来实现。在规则意识方面，教师可以通过观察幼儿是否了解美术区与音乐区的区域活动规则、是否能够在活动中很好地遵循规则等来评价。意志力的评价则需要教师观察和发现幼儿在操作艺术区材料遇到挑战时，是否能够接受挑战，并想办法解决困难，而不是半途而废。专注力的评价相对于其他两项更容易操作，教师只需要观察幼儿操作每一份材料花费的时间，以及是否能够自始至终地完成一份材料即可，但此时一定要排除环境的因素。对于幼儿在艺术区活动中态度的评价，教师还需要考虑规则意识、意志力、专注力这几个方面幼儿发展的差异性，评价标准应有所差异，切忌用一把"尺子"衡量所有的幼儿。

(三)能力方面

在艺术区的活动中,通过与材料的互动,幼儿的个性能够得到充分发挥,各方面的能力能够得到全面发展。对幼儿能力的评价指向幼儿对艺术的感受能力、表现能力以及创造能力,而这种感受、表现及创造能力在活动中具体表现在:幼儿的动手探索能力、观察事物能力、解决问题能力以及想象创新能力等。为了更好地评价幼儿在艺术区中能力的发展,教师需要从多元的角度进行观察、分析与评价。幼儿动手探索能力的评价依据主要来自幼儿与操作材料的互动,例如,在美术区中,幼儿不断地利用废纸杯、奶盒、彩带、瓶子等废旧材料进行探索,最终完成了自己的小制作,这样的结果说明幼儿的动手探索能力较强。至于幼儿解决问题的能力是否增强,主要取决于幼儿对待困难的态度、自我解决问题的能力等,例如:幼儿在美术区通过不断调试,最后得到自己想要的颜色;在音乐区中,反复听声音来判断音量或音色。从以上幼儿解决问题的实例中不难看出,整个过程还需要幼儿充分发挥自己观察事物的能力,例如:美术区的调色活动需要幼儿不断观察和辨识,最终获得理想的颜色;音乐区需要幼儿通过反复倾听,比较出音量高低及音色变化。而对于幼儿想象创新能力的评价,教师则需要对幼儿的操作过程、呈现的作品以及后期分享作品时的讲述等来判断。

(四)知识技能方面

各区域的知识依附于区域材料,这些知识具有系统性、复杂性以及迁移性。在对幼儿开展艺术区知识方面的评价时,教师可以从以下三个方面着手:

首先,评价幼儿艺术区知识的系统性。艺术区是根据领域自身的内在线索形成的系统化区域知识,例如:在美术区中幼儿能否均衡且全面地操作并了解绘画、手工、欣赏等不同方面的材料;在音乐区中幼儿是否全面地掌握了歌唱、韵律活动、乐器演奏、音乐欣赏四个方面的系统性知识,而不只是热衷于操作和探索蕴含某一方面知识的材料。

其次，评价幼儿艺术区知识的复杂性。教师在区域中依据幼儿的发展水平投放不同层次的材料，区域材料所蕴含的知识由简单到复杂，教师可以通过观察幼儿在美术区或音乐区选择的材料类型、操作材料时的深入程度以及操作结果来评价幼儿对艺术区知识复杂性的掌握。如：从材料类型而言，选择操作有挑战性、难度较大的材料的幼儿，区域知识复杂性要高于操作简单材料的幼儿；从操作材料时的深入程度而言，采用不同方式进行操作与探究的幼儿，区域知识复杂性要高于只是简单地重复摆弄材料的幼儿；从操作结果而言，通过探索与操作创造出多样作品的幼儿，区域知识复杂性要高于作品单一的幼儿。

最后，评价幼儿艺术区知识的迁移性。区域之间的知识各成体系又相互联系，这一特点能够使各区域之间的知识相互迁移与转化，教师可以通过观察幼儿能否将某个区域中获得的知识迁移或应用到另一个区域中来评价。比如，幼儿在语言区通过阅读了解到海底世界的样子，如果教师观察到该幼儿在美术区能够通过各种艺术形式将海底世界的场景呈现出来，那就意味着幼儿对区域知识进行了迁移。

技能是幼儿在区域中通过探索材料而获得的能够完成一定任务的动作系统。美术区、音乐区包含的技能和技巧较多：美术区中有画、涂、粘、撕、剪等技能；而在音乐区中，幼儿需要掌握几种常见乐器的演奏方法、基本的歌唱技巧等。教师从技能方面开展评价时，需要观察幼儿在区域中是否比较全面地掌握了这些技能和技巧以及熟练程度如何。

不同年龄段幼儿的发展水平具有差异性，因此评价表中四个方面的评价要点也需依据小、中、大班幼儿的发展水平设计和制定（见表4-5、表4-6、表4-7）。

表 4-5 小班幼儿美术区/音乐区活动评析表

幼儿姓名：　　　　　　　性别：男　女　　　　　所在班级：小____班
所在区域：　　　　　　　材料名称：　　　　　　　操作时间：
指导教师：　　　　　　　评议者：　　　　　　　　日期：

项目 要点	评价项目要点	评分分值 参考最高分值	评价实际分值
情感（30分）	1. 能与同伴友好相处	10	
	2. 需要时能接受教师的帮助	10	
	3. 乐于观看不同艺术形式的作品	10	
态度（30分）	1. 能在教师的引导下专注地完成区域材料探索	10	
	2. 能在教师的鼓励下克服困难完成材料探索	10	
	3. 能在教师的引导下有始有终地完成美术区/音乐区材料探索	10	
能力（20分）	1. 能选择自己喜欢的材料	10	
	2. 能用材料创作自己的作品	10	
知识技能（20分）	1. 基本掌握小班美术区/音乐区知识并获得相关经验	10	
	2. 掌握简单的美术技能和音乐技巧	10	
各项目得分	情感	态度	能力	知识技能	总分
综合评价	优秀（85—100分）	良好（75—84分）	合格（60—74分）	不合格（60分以下）
等级水平				
分析评价结果				
教育策略的调整与改进				

第四章 艺术区活动评价

表 4-6 中班幼儿美术区／音乐区活动评析表

幼儿姓名： 性别：男 女 所在班级：中＿＿＿班
所在区域： 材料名称： 操作时间：
指导教师： 评议者： 日期：

项目 \ 要点	评价项目要点	评分分值 参考最高分值	评分分值 评价实际分值
情感 （30分）	1. 能与同伴友好相处	10	
	2. 需要时能接受教师的帮助	10	
	3. 欣赏艺术作品时会产生相应的联想或情绪反应	10	
态度 （30分）	1. 能在教师的引导下专注地完成区域材料探索	10	
	2. 能在教师的鼓励下克服困难完成材料探索	10	
	3. 能在教师的引导下有始有终地完成美术区／音乐区材料探索	10	
能力 （20分）	1. 能自主选择自己喜欢的材料	10	
	2. 能用多种艺术形式表现自己的所见所想	10	
知识技能 （20分）	1. 基本掌握中班美术区／音乐区知识并获得相关经验	10	
	2. 掌握并能运用美术技能和音乐技巧	10	
各项目 得分	情感	态度	能力	知识技能	总分
综合评价	优秀 （85—100分）	良好 （75—84分）	合格 （60—74分）	不合格 （60分以下）
等级水平					
分析评价 结果					
教育策略的 调整与改进					

表 4-7 大班幼儿美术区 / 音乐区活动评析表

幼儿姓名：　　　　　　性别：男　女　　　　所在班级：大_____班
所在区域：　　　　　　材料名称：　　　　　　操作时间：
指导教师：　　　　　　评议者：　　　　　　　日期：

项目 \ 要点	评价项目要点	评分分值 参考最高分值	评价实际分值
情感（30分）	1. 能自发地与同伴合作探究材料或主动邀请教师合作探究材料，也能独立探究材料	10	
	2. 愿意和别人分享、交流自己喜爱的艺术作品和美感体验	10	
	3. 积极参与艺术活动，有自己比较喜欢的活动形式	10	
态度（30分）	1. 能不受环境干扰且独立地完成对材料的探索	10	
	2. 能克服困难完成材料探索	10	
	3. 能有始有终地完成美术区 / 音乐区材料探索	10	
能力（20分）	1. 能自主、有计划地选择自己喜欢的材料	10	
	2. 能用多种材料或不同的表现手法创作艺术作品	10	
知识技能（20分）	1. 基本掌握大班美术区 / 音乐区知识并获得相关经验	10	
	2. 熟练运用美术技能和音乐技巧	10	
各项目得分	情感	态度	能力	知识技能	总分
综合评价	优秀（85—100分）	良好（75—84分）	合格（60—74分）	不合格（60分以下）
等级水平	
分析评价结果	
教育策略的调整与改进	

二、基于小、中、大班幼儿评价内容的分析

从上一部分呈现的小、中、大班幼儿艺术区活动评析表可以看出，虽然教师都是从情感、态度、能力和知识技能这四个维度对幼儿进行评估，但是教师会根据每个年龄段幼儿的发展特点，对这四个维度中具体的子项目进行相应的调整，如：小班幼儿的自主能力较弱，同时无法很好地表达自己的需求，因此对于小班幼儿，教师要求其能够在引导下选择区域材料，同时能够在区域活动中接受教师的帮助；中班幼儿的学习能力、自主能力、表达意识、探究欲望等都有一定程度的提升，因此教师需要提高对幼儿的要求，即其能够自主地选择材料，在教师的帮助下能够完成自己的探究，遇到困难时能够主动寻求帮助等；而大班幼儿各方面的能力较前两个阶段的幼儿都有明显的提升，因此教师在评价大班幼儿的艺术区活动时便需要凸显幼儿的自主性与主动性。

除此之外，我们在评析表中设置了等级水平项目，以帮助教师确定幼儿在班级中的水平，从而帮助教师根据每个幼儿的发展水平，为幼儿提供个别化指导。

下面呈现的是填写完整的一份大班幼儿美术区活动评析表（见表4-8）和一份大班幼儿音乐区活动评析表（见表4-9），供大家参考。

表 4-8　大班幼儿美术区活动评析表

幼儿姓名：张乐乐　　　性别：男√ 女　　　所在班级：大 一 班
所在区域：美术区　　　材料名称：糖画蝴蝶　　操作时间：30 分钟
指导教师：骆老师　　　评议者：骆老师　　　　日期：2018 年 6 月 20 日

要点项目	评价项目要点	评分分值	
		参考最高分值	评价实际分值
情感（30 分）	1. 能自发地与同伴合作探究材料或主动邀请教师合作探究材料，也能独立探究材料	10	9
	2. 愿意和别人分享、交流自己喜爱的艺术作品和美感体验	10	7
	3. 积极参与艺术活动，有自己比较喜欢的活动形式	10	9
态度（30 分）	1. 能不受环境干扰且独立地完成对材料的探索	10	10
	2. 能克服困难完成材料探索	10	9
	3. 能有始有终地完成美术区/音乐区材料探索	10	10
能力（20 分）	1. 能自主、有计划地选择自己喜欢的材料	10	10
	2. 能用多种材料或不同的表现手法创作艺术作品	10	9
知识技能（20 分）	1. 基本掌握大班美术区/音乐区知识并获得相关经验	10	9
	2. 熟练运用美术技能和音乐技巧	10	9
各项目得分	情感　25	态度　29	能力　19	知识技能　18	总分　91
综合评价	优秀（85—100 分）	良好（75—84 分）	合格（60—74 分）	不合格（60 分以下）
等级水平	√			

续表

要点项目	评价项目要点	评分分值	
		参考最高分值	评价实际分值
分析评价结果	乐乐在本次美术活动中选择了"糖画蝴蝶"的材料。这份材料的设计具有浓厚的中国传统文化特色,材料的操作方式以及操作后可以享受自己的劳动成果,能够充分激发幼儿动手探究的兴趣。虽然这份材料的操作步骤比其他材料相对简单一点,但是其中涉及的倒糖作画技能对幼儿的手眼协调能力、手部小肌肉控制能力要求极高,所以很多幼儿为了画面完美而操作时间较久,或者由于控制能力弱,最后画出的蝴蝶效果一般。乐乐在短时间内完成了这份材料的操作,并且蝴蝶栩栩如生,因此教师对乐乐的评价为优秀。 从评价分值可看出,乐乐在"能不受环境干扰且独立地完成对材料的探索""能有始有终地完成美术区/音乐区材料探索""能自主、有计划地选择自己喜欢的材料"等方面比较出色,说明他的自主探究能力、专注力以及创造力都较强,具备良好的学习品质。但是,通过观察,教师发现乐乐不愿意主动和其他小朋友分享自己的作品以及探究经验。		
教育策略的调整与改进	针对乐乐在本次活动中表现出来的问题,教师在后续的教育策略中将做出以下调整和改进: 在情感上鼓励乐乐主动与同伴分享作品并表达自己对美的感受。在区域活动结束后,教师可以鼓励乐乐在下次活动时与其他小朋友分享自己的作品以及探究经验。		

表 4-9 大班幼儿音乐区活动评析表

幼儿姓名：李东东　　性别：男√ 女　　所在班级：大 一 班
所在区域：音乐区　　材料名称：弹拨琴　　操作时间：30 分钟
指导教师：张老师　　评议者：张老师　　日期：2018 年 5 月 18 日

要点项目	评价项目要点	评分分值 参考最高分值	评价实际分值
情感（30分）	1. 能自发地与同伴合作探究材料或主动邀请教师合作探究材料，也能独立探究材料	10	9
	2. 愿意和别人分享、交流自己喜爱的艺术作品和美感体验	10	9
	3. 积极参与艺术活动，有自己比较喜欢的活动形式	10	9
态度（30分）	1. 能不受环境干扰且独立地完成对材料的探索	10	7
	2. 能克服困难完成材料探索	10	9
	3. 能有始有终地完成美术区/音乐区材料探索	10	8
能力（20分）	1. 能自主、有计划地选择自己喜欢的材料	10	10
	2. 能用多种材料或不同的表现手法创作艺术作品	10	9
知识技能（20分）	1. 基本掌握大班美术区/音乐区知识并获得相关经验	10	9
	2. 熟练运用美术技能和音乐技巧	10	7
各项目得分	情感 27	态度 24	能力 19	知识技能 16	总分 86
综合评价	优秀（85—100分）	良好（75—84分）	合格（60—74分）	不合格（60分以下）
等级水平	√			

续表

要点项目	评价项目要点	评分分值	
		参考最高分值	评价实际分值
分析评价结果	东东在本次音乐区活动中选择的是"弹拨琴"材料。在探索该材料时，东东能够按照琴谱标识弹奏乐曲，但是教师发现，东东多次被身边同伴的探究材料"美妙的按钟"吸引，注意力不集中，无法专心操作，同时对三拍子和二拍子的节奏掌握得不太好。教师观察到这个情况后，对其进行了帮助和指导，引导东东学会看琴谱标识，准确地打出三拍子和二拍子的节奏，最后东东顺利地弹出优美的乐曲。		
教育策略的调整与改进	针对东东在本次活动中表现出来的问题，教师在后续的教育策略中将做出以下调整和改进。 　　（1）在区域中，关注东东的探索活动，特别对东东的专注性进行观察，帮助他形成良好的学习品质。 　　（2）在材料方面，可以再设计其他二拍子、三拍子乐曲的操作材料，鼓励东东多到音乐区开展探索，直至掌握这两种节奏。		

参考文献

[1] 姚孔嘉. 美工区的创设与指导[J]. 教育导刊(幼儿教育版), 1998(S4).

[2] 中华人民共和国教育部. 3~6岁儿童学习与发展指南[M]. 北京:首都师范大学出版社, 2012.

[3] 叶屏屏. 幼儿园音乐区活动材料现状研究[D]. 南京:南京师范大学, 2016.

后　记

　　自 2000 年起，深圳市莲花二村幼儿园与北京师范大学霍力岩教授合作，开始探索区域活动在中国发展的新思路和新模式。在课程开发初期，我们积极学习并借鉴了蒙台梭利教育法（Montessori Method）中的区域材料设计和布置方法，在推进过程中，我们不断接触到新的幼儿教育理论和课程模式，如多元智能理论（Multiple Intelligences Theory）和高宽课程（High Scope Curriculum）等，促使我们对原有的区域活动课程及材料设计进一步创新。同时，我们以国家颁布的《幼儿园教育指导纲要（试行）》和《3—6 岁儿童学习与发展指南》作为主要参考文献，从中解构梳理出系统的课程目标体系，从而指导区域材料的设计、完善与本土化。通过长达十多年的反复摸索，我们不断进行调整、提升、融合，最终建构出了一套卓越的、适合中国的幼儿个别化区域学习课程。

　　在霍力岩教授的带领下，深圳市莲花二村幼儿园已经陆续出版了《幼儿园多元智能做中学综合主题课程（教师用书）》《幼儿园区域活动——环境创设与活动设计方法》和《支架儿童的主动学习——经历 经验 经典》等课程资源。2014 年出版的专著《幼儿园区域活动——环境创设与活动设计方法》，已成为一线教师的重要参考工具书之一，市场反响非常热烈，不断有来园参访、交流、学习的专家、学者及同行提出，希望看到更为详细、更有实践指导价值的有关区域材料体系的书籍。基于对我园课程进行持续深入的总结之需，以及同行的强烈要求，我们对园内十几年积累的素材进行了整理、提升，这些区域材料精华就是本书中大量鲜活素材的原型。而本书集中展现的是区域课程材料体系之一的艺术区材料体系，通过解读艺术区、艺术区材料案例、艺术区中教师对幼儿的支持、艺术区活动评价等四个方面，全面地呈现了幼儿园艺术区材料制作与投放，活动中教师的指导策略，以及活动后的评价与反思。此书的出版能为一线教师在创设艺术区环境、科学地开展艺术区活动方面提供参考和借鉴，对幼儿园开展区域活动具有重要的指导作用。

在本书撰写的前期，王微丽、秦晗、何红漫、刘隼对本书的框架进行了搭建；在建构框架的基础上秦晗完成了第一章、第四章文字的撰写；何红漫、刘隼、邓丽霞、游咏梅完成了第三章的文字撰写；在案例部分，骆颖婕为美术区案例负责人，叶际明、李佳颖、姜嫒远各完成收集整理7份案例，骆颖婕、吴卫红各完成收集整理5份案例，音乐区案例选自深圳市莲花二村幼儿园中文教师团队开发制作的材料。何红漫、刘隼对全书进行了修改与完善；最终由何红漫、刘隼两位教师共同完成定稿工作。

本书的撰写与出版凝聚了很多人的心血、关心与帮助，有北京师范大学霍力岩教授的亲临指导，有"万千教育"吴红主任的全程指引，有深圳市实验幼教集团有限公司林瑛熙、吕颖、黄立志、韩智等领导的理解与支持，有香港大学教育学院杨伟鹏博士对课程的梳理，有深圳市莲花二村幼儿园全体教职工的默默付出。他们无私的奉献使本书得以完成，在此一并表示感谢！在写作过程中，我们尽了最大的努力，但由于水平所限，本书必定存在这样那样的问题，恳请各位读者批评指正。

深圳市莲花二村幼儿园
秦晗
2019年6月30日

"幼儿园区域活动材料丛书"
（全彩）

王微丽 霍力岩 主编

《幼儿园区域活动（第二版）》　　定价：78.00元
《幼儿园语言区材料设计与评价》　定价：60.00元
《幼儿园数学区材料设计与评价》　定价：60.00元
《幼儿园生活区材料设计与评价》　定价：60.00元
《幼儿园科学区材料设计与评价》　定价：60.00元
《幼儿园社会区材料设计与评价》　定价：60.00元
《幼儿园艺术区材料设计与评价》　定价：60.00元

以丛书为代表性成果的研究荣获"广东省教育教学成果（基础教育类）一等奖"

"幼儿园区域活动材料丛书"与《幼儿园区域活动——环境创设与活动设计方法》相得益彰，全面地展示了幼儿园区域环境创设、材料设计与投放、活动开展与评价的方法……

《以游戏为中心的幼儿园课程》

【美】Judith Van Hoorn 等 著
史明洁 等 译
定价：82.00元

美国幼儿游戏研究领域的先驱者，手把手教你如何把游戏故事、游戏理论和幼儿园五大领域课程完美地结合起来。

《幼儿园户外环境创设与活动指导》（全彩）

董旭花 等 著
定价：72.00元

国内第一本从理论到实践，系统阐述幼儿园户外环境创设的图书。

《幼儿园自主游戏观察与记录——从游戏故事中发现儿童》（全彩）

董旭花 等 著
定价：58.00元

我国著名幼教专家董旭花老师在这本书中告诉我们——"儿童是有能力、有自信的学习者和沟通者"。

《幼儿教育课程》（第四版）

【美】K. E. Catron 等 著　李敏谊 等 译
定价：82.00元

我们不应该把课程看作一个包装好的产品，而应该把它看作一个动态的和发展的过程。

专业图书，陪伴您的专业成长。扫一扫下方二维码，更多优质图书等着您！

万千教育微信公众号

官方微店